子どもをあらわすということ

[編著]
青山　誠
三谷大紀
川田　学
汐見稔幸

[著]
溝口義朗・久保健太
宮武大和・浅井幸子
佐藤寛子・松井剛太

北大路書房

はしがき

私たちはときどき、自分の欲しているものが単純すぎて見えづらいことがあります。あるいはすでに手にしているからこそ、もっと価値のあるものが遠方にあるはずだと思い込んで、出かけるための旅支度をいつもしているような気がするのです。

子どもとの時間をあらわしたいという欲求にも、どこかそうした趣があります。

私たちは日々、保育の現場においてたくさんのものを書いています。日誌、連絡帳、午睡チェックという事務的なものに始まり、ドキュメンテーションやウェブやポートフォリオといった保育のなかでPDCAサイクル的な役割を担うものなど。私たちがそれらをどのような態度で書こうとも、すなわち事務っぽく書こうと、PDCAっぽく書こうと、それらは保育における何らかの必要性に応じて、目的をもって書かれています。

ところが私たちにはもう一つの素朴な欲求があって、それは子どもとの生きた時間をそのままあらわしたいという欲求です。それはあまりに素朴すぎて、しばしば自分自身によっても通り過ぎられてしまいます。帰り道、その日保育であったことがふと心に浮かんでくることがあります。それは漠然とした心もちのようなものでもあって、忘れないうちに書き留めようとしてみても、「今日は背中から抱きつかれて幸せだった」とか「いつになく保育室の空気がざらついていた。なぜ?」などということくらいしか書けず、書いておくほどのことでもないと思ってノートを閉じてしまいます。省察というには気恥ずかしいくらいのものだし、もっとなにか明日の保育に有益なものでなくてはならないような気がして。ところが身のうちでは子どもと過ごしたあの時間がうずうずと息づいていて、どうにも完結しない。それはすでに生きられたものであるのに、これから生まれ出ようと私のなかで待っている何かなのです。手で掴んだら形を変えてしまうような何か。川を掬おうとして手のひらに水を汲んだだけで終わってしまうような何か。それを書きあらわそうとしても半端な言葉にすると生きられたあの時間が損なわれてしまう気がして、おしまいには「大事なものはやっぱり言葉にはできないんだ」とか「言葉にできない大事なものがある」というようなトートロジーに搦め捕られてしまう。

こうした言葉の厄介さは、普段の保育の記述、必要性と目的をもった記述には見当たりません。目的的な記述では、「何を書こうか」という内容については悩むものの、「そもそも書けるのか」という言葉の前でのためらいはありません。目的的な記述において言葉は内容を伝える道具以上のものではなく、記述することそのものが素朴に信じられています。

この言葉のもどかしさは、私たちが保育や教育を生きるときのもどかしさに通底しています。私たちは保育や教育を他者への行為とその結果のように語りながらも、実際にそれを生きるときには目的的に生きていません。泥だんごをこねていても、鬼ごっこをしていても、流れる雲に一緒に放心していても、その最中には目的的に生きているわけではないからです。意味づけはその時間の前か後にあり、言葉もまたそれに対応しています。言葉を道具として使うことで、私たちは保育の事象を省察したり他者に伝えたりできます。それも大いに必要なことです。むしろそれこそが私たち保育者の日常的な態度だといえるでしょう。しかしそれはともすると、子どもとの時間を分節化したり、対象化したりして、生きられた実感は取りこぼされてしまいます。私たちが子どもとの時間を「どのように」感じ、生きているかをあらわそうとするならば、言葉そのものを探究していく必要があるのです。

握った手のあたたかな眠たさ、共同注視で見た空のうごめき、手渡された石ころのすべすべ、そのこっそり感、そうしたものはすべて、ふさわしい形であらわれ出るのを私のなかで待っています。それをそのまま価値とすることはできないのでしょうか。「子どもをあらわす」とは、すでに手で触れていながら同時にいまだ成就されない素朴な欲求に立ち返ろうとする、小さな試みにすぎません。その試みはうまくいかないかもしれないし、「やっぱり言葉にしないほうがよかった」というようなため息で終わるかもしれません。でもそのため息はそんなに深く、長くは続かないでしょう。正直なところ、子どもとの時間をあらわしたいと思うとき、私たちは保育を「わかりたい」わけではなくて、ただそれを生きたいと願っているだけであって、すぐにまた子どもに呼ばれて子どものほうへ寄っていくことでしょう。

二〇二五年一月

青山　誠

目次

目次

序章 「子どもをあらわす」ことの意味とその方法を考える

汐見稔幸

1 「内面を見える化＝外化する」という行為

「子どもをあらわす」というのは、子どもが何をしようとしているのか、何を考えているのか、どんな気持ちでいるのか、等々の子どもの内面の感情や想念等を、その子に代わって、周囲にいる他者、特に大人が、他者に伝わるメディアを介して見える化＝外化することといえるでしょう。「子どもがあらわす」とすれば、子ども自身が内面の感情や想念を自分で外に見える形に見える化＝外化することになります。しかしこの本では「子どもをあらわす」と、子どもが主体でなく客体、目的語になっていますので、大人が子どもの気持ちや内面の感情、想念等をその子に代わって外に示すということの諸相を検討することになります。なお、子どもをあらわすということと子どもがあらわすということの関係についてはもう少し微妙な関係性がありますので、後のナラティブアプローチと現象学的方法のところでもう少し述べますが、子どもの心の世界に自覚的な手法で近づこうとすることで、子どもがあらわそうとしたことを相互主観的な関係にある保育者が代弁するようなあらわし方をする、ということが意味されていると考えておきたい、と思います。

子どもの内面の感情や想念等を周りの人間が子どもに代わって見えるように見える化＝外化するということは、子ども自身のあれこれの言葉やしぐさ等を手がかりにその意味するところを探る（理解する）ということですから、はじめに子ども自身の、周りの人間から見てわかるような「手がかり」や「サイン」のようなものがなければなりません。その「手がかり」や「サイン」のような言動の意味を周りの人間が探り、それを別のメディアを使いながら見える化＝外化（客観化）することが「子どもをあらわす」という行為です。ですから、「子どもをあらわす」ということには、

①子ども自身の体験による感情や想念の喚起
②それを子どもが顔つきや言葉等で形にする行為が生起
③その行為の意味を周りの人間が推量して言葉等で客観化

という三段階のプロセスが必要になります。

①の子ども自身の体験による感情や想念の喚起は、ほんのちょっとした体験で生まれるもの、たとえば何かを探していたら突然虫のクモがあらわれてびっくりした、というようなものから、両親が離婚騒動でもめていて、子どもが親に甘えることができないで欲求不満状態が長く続いている、というような長期にわたるものまで多様です。

②の、①を契機にそれを見える化＝外化することを広義では子どもの「表現」ということができますが、これにもとっさに無意識で示す行為（たとえばクモを見て飛び上がった等）を「表出」といい、「表現」と区別することがあります。「表現」のほうは、どういうふうにあらわしたらいいか、当人自身が意識的・反省的に検討してから（あれこれ試行錯誤して）形にする場合の行為として区別するわけです。意図の有無で区別するということです。しかし細かく区別すると複雑になりますから、ここでは双方とも子どもの「表現」という言い方で通したいと思います。

③は、②の子どもの「表現」の意味を誰にも通じる形に変換する作業を指しますが、どのようなメディアを使用するかによって、形は多様になります。最も一般的なものは言葉というメディア（そこには話し言葉と書き言葉の違いがありますが、さしあたりここでは双方を指すこととします）ですが、言葉以外にも写真とかイラスト、絵なども使われますし、それらを組み合わせて伝えようとすることもあります。それらは子どもの表現の意味をくみ取って、その意味を伝えようとそれぞれの文法に従って見える化＝外化するものですから、他者による「表現2」ということができます。本書が検討するのは、この「表現2」の多相性です。この言い方を採用しますと、②の子どもの表現は「表現1」ということができるでしょう。子どもを写真に撮ることも、子どもという被写体の「表現1」をする様子をカメラである瞬間のその子の表情その他を撮ることで、その子の表情その他の意味を「表現2」としてあらわすわけです。

冒頭で私は「子どもが何をしようとしているのか、何を考えているのか、どんな気持ちでいるのか、等々の子どもの内面の感情や想念等」と書きましたが、これらは子どもたちの心のなかでの出来事ですから、外からは見えません。形がないのです。しかし「表現2」は形を伴いますので、「子どもをあらわす」という営みは、結果として、形のないものに形を与えること、ということになります。見える化（可視化）とか外化とか形象化といわれてきたことは、すべてこの形のない感情や想念のようなものに、一定の形を与えること、形にしてその形のないものの内実を推しはかるよすが（縁）とすること、という行為になります。

ということは、子どもをあらわすという行為には、そのあらわし行為の実際（表現2）がどれほど子どもの内面の感情や想念に近い表現になっているか、あるいはそれらのどの側面を表現しているか、ということが問われるということになります。表現のためのメディア（手法、手段）には、先に述べたように言葉、絵、イラスト、写真等がありますが、それぞれ見えないもののどこを見える形にするかという得意な分野が異なります。

このうち言葉は、使いやすいメディアで最も日常的なものですが、内面の感情や想念は動いているものでもあり、それを言葉という有限のメディアで動きを止めるような形で表しても、正確に表現することは不可能です。言葉の数が有限で、内面感情は無限の多様性があるという矛盾も、言葉表現の限界の条件になっています。しかし、このことは丁寧に説明する必要がありますので、節を変えて論じたいと思います。

2 言葉というメディアの可能性と限界

言葉というメディアは、抽象的に対象を指し示すものです。イヌという単語があっても、その言葉を聞いた人の脳には、その人のイメージする犬が形象（再現前）するだけで、人によってその内容は厳密にはみな異なります。チワワのような小型犬を思い浮かべる人もいれば、セントバーナードのような大型犬を思い浮かべる人もいます。つまり、「イヌ」という語で、人は、他の動物と異なる「犬」という種を思い浮かべるだけです。「イヌ」という語は、具体的な個物、特定の犬を指し示すわけではないのです。

これは、言葉というものが、元来、世界にあるもの（多くの場合連続した形で）を、ある基準で区切って分けて、その分けたものの一つひとつに名をつけて生まれるという事情があるからです。

ソシュール（Saussure, F.）は、言葉は、対象世界を一定の基準で分節し、そのそれぞれに名をつけて生まれると説明しました[*1]。一つの枠に風船をたくさん入れ、ぎゅうぎゅう押していってできるのが言葉による区切り（文節）で、たとえば、ある風船のところが赤、隣の風船のところが朱色、その隣がピンク等々と分節していってできるのです。ここまでは歩く、ここからは走る、ここからはダッシュする、等々と言葉で分けるわけです。言葉とは、対象世界を一定の基準で分節する作用のことをいいます[*2]。

そうすると、「イヌ」という単語は個別の犬を指しているのではなく、四つ足動物のうち、このあたりまでが犬で、その隣はオオカミ、その隣はキツネ等々と分けた種別を指しているということになります。そのため、言葉が指し示しているものを、意味とはいわず、たとえば指示対象（あるいは語義）などといわないといけないことがわかると思います。その指示対象・語義も、類レベルのもので、社会的にいうと社会で一般に通用している事柄になります。個別の、この、あの個物は、言葉では十全に説明できないのです。目の

＊1　フェルディナン・ド・ソシュール、町田健（訳）『新訳　ソシュール一般言語学講義――あの名著をわかりやすい新訳で再び読み解く』研究社、二〇一六年。
＊2　丸山圭三郎『ソシュールの思想』岩波書店、一九八一年。

前にあるコーヒー茶碗を正確に言葉であらわしなさい、と言われても困るはずです。個別の具体的表現の困難ということから写真などのメディアが別の意義をもってくることは後ほど考えてみたいと思います。

話を元に戻しましょう。辞書を実際に見てみますと、たとえば「美しい」は「あいらしい」とか「きれい」なこと等と説明されていますが、では「きれい」の項を引くと今度は「美しいこと」という説明が出てきます。[*3] つまり、「美しい」は「きれい」なことで、「きれい」なことは「美しい」ということだ、となっているのです。辞書というのは、このように、言葉の類的な指示対象、語義を有限な数しかない言葉のなかで説明しますので、たいてい説明は循環していきます。

それに対して「美しい」という言葉の「意味」は何かと問われたときは、たとえばある花を持ってきて、「これを見たときに、あなたの心のなかに生じた感情のこと」をいう、などのように体験で説明するしか方法がありません。人の心のなかに起こる対象への感情体験、特に対象への価値づけのことを「意味」というからです。「意味」は体験のなかで、人間の心のなかに起こる対象への価値づけのことで、その根拠は生物がもつ自らの生命の防御、発展という本能です。いのちのあるものが、いのちの機能を用いて周りの世界を価値づけて、それを根拠に生き抜いている、ということです。そのために生き物は対象に接すると、その対象に対して何らかの感情つまり価値判断を発生させます。その延長で人間も対象世界をまず感情で価値判断し、それからその価値判断を理屈で説明するという順番で世界と接しています。「意味」づけはその意味で生物の生命機能のようなもので、言葉は、その生命機能を発揮するきっかけになっているのです。「意味」はしたがって同じ指示対象の語であっても一人ひとり内容が異なります。その意味づけ（内容）にその人の個性や人となりが埋め込まれています。

指示対象・語義と意味との区別は、くどいようですが、一般にはあまり分けて使われていませんので、混乱しないためにもう少し説明をします。「教育」という語の「指示対象」あるいは「語義」は「人を教え育てること」のようなことになりますしそれでいいのですが、「意味」はその人が教育なる営みを体験して感じた感情・価値づけのことになりますから多様になります。たとえば「私の得意を見つけてくれた大事なもの」とか「人との出会いのことかな」「友達をつくってくれたものかな」のようなことになるでしょうし、逆に「お節介かな」とか「あんなものいらない！」と感じている人もいるかもしれません。ともかくその人が教育なる営みを体験して感じたその営みへの価値づけが「意味」なのです。わかりやすくいうと「あなたにとって教育という語はどういう意味の語なの？」と聞かれたときの答えになります。

別の言い方をすると、言葉の「指示対象」（「語義」）のほうは、誰でもいつでも通じる内容ですから、言葉の内包の三人称的側面、「意味」のほうは私が体験によって創るものですから、言葉の内包の一人称的側面、といえるでしょう。「母親」の内包の三人称的側面は「人を産んだり育てたりする女性」のようになりますが、一人称的側面は「愛する行為のモデルかな」とか「自己犠牲かな」、ときに「恨むしかない存在ね」などになります。

言葉を通じて学ぶときには、この二つの関係が大事になります。体験を通じて学ぶときは「意味」がまずイメージされ、その意味をつくったもの・ことを言葉で何というのかを後で知り、「それってモグラの掘った穴か」等とその語義すなわち指示対象を覚えていくという学びになります。

＊3　新村出（編）『広辞苑　第七版』岩波書店、二〇一九年。

体験が先行している学びでは両者は並行して身につき、以降、体験の積み重ねを通じて、また意識的な学びを通じて、「意味」が次第に深化・発酵していくようになっていきます。この深化・発酵自体が学びの大事な目的になります。「意味」に着目する限りその内容が深化・発酵していくことが意識次第で起こり、それは死ぬまで続きます。もし「発達」という言葉を「〇〇ができるようになる」というような語義で使うと、歳をとると発達は後退していくことになりますが、「意味」を先のように定義しますと、その深化・発酵そのものが発達になり、それは死ぬまで続くことになります。この面では人間は死ぬまで発達し続けます。

しかし、体験が先行していない学びもたくさんあります。学校などで、教科書とか教員の説明を聞いて理解する学びは、体験のなかで五感を通して対象と接しているわけではないことが多いので、語義、指示対象はたくさん覚えますが、「意味」はあまり身につかないということがしばしば起こります。その場合、その学んだ言葉を学んだ子どもの生活に落とし込むというか、生活の文脈のなかで、似た体験を想起しながら、その想像的な体験のなかで価値づけするという作業が必要になります。あるいは、実際の生活場面を作り出し、得た知識をそのなかで使って意味づけしなおすという作業でもいいでしょう。これは学んだ知識の再生活化、再体験化という作業です。「生活綴方」[*4]は、意識的にそうした作業を課していた教育といえます。

3 言葉によるあらわしの際の配慮

さて、以上の作業を経て、言葉によって子どもをあらわす際の配慮事項を考えてみたいと思います。

一つは、言葉はそのままでは具体的個物をあらわせるわけではないといったことと関わっています。たとえば、幼い子が何かに夢中になっていて、その姿に感動したという保育者がいて、そのさまを「Aちゃんは拾ってきた小石を一生懸命に磨いていました。きっと磨けば光り出すと思っていたのだと思います。……」と書いたとします。このとき、読む者はAちゃんがどんな服を着ていて、どんなまなざしで、どんな表情や姿勢で、どんな口元をしていて、等々はわかりませんし、石の具体的な模様や肌合いもわかりませんし、誰かに見てもらおうとしていたのか、友達のことを気にしながらしていたのかどうか、周りは関係なく自分に没頭していたのか等々もわかりません。

こういったことを克服するために、もっと詳しく書くことは可能です。でもそうなると、一つのシーンにとても長い文章が必要になりますし、読む者が求めていない情報をたくさん届けることにもなるでしょう。ですから、必要なことに限定して書くのが常套になります。しかしそうなると、今度はごく一般的なことしか伝わらないということが常態になるわけです。

このことを克服するために、子どもをあらわそうとする者は、ここここそ読み取ってほしいと願う箇所を絞

＊4　生活綴方　戦前、教育内容の基本が国家から指示されて、その一部には事実でないことも含まれていた。全国のあちこちで教師たちが、子どもが自分の内面で考えていること、喜んでいることなどを自分なりの言葉でありのまま作文する（綴る）ことができれば、そこでの教育には真実が宿るはず、ということで、抵抗の教育として始めたもの。戦後は無着成恭氏の『山びこ学校――山形県山元村中学校生徒の生活記録』青銅社、一九五一年で一挙に有名になったことはよく知られている。無着以降は多くの教師が生活綴方教育に挑むようになり、その一つの流れのなかで子どもたちが生活行為を介して自分と向き合う教育として、つまり自己形成支援の教育として位置づけられて発展した。しかし、今は多くが作文教育として位置づけられるようになっている。

り、そこだけ詳しく書くという方法をとることが良案になります。それがエピソード記述[*5]です。エピソード記述はそういうものということをあらかじめ了解しながらエピソードを絞りあらわすという行為です。でもそうなると、そこで詳しく書くといっても言語の限界ということが再び問題になります。具体的なことはあらわせないという限界です。

「喩」の活用

この限界を克服するために、昔から言葉の工夫を凝らしてきた歌人や作家は、ある方法を使ってきました。それが「喩」を活用するということです。簡単に言うと「～のような○○」というような言い方で、～の箇所に別の物をもってきて、その「～」と、当初言葉であわそうとしていた「○○」との間の共通項を読む者に想像させるという手法です。この想像活動は、人の頭のなかでイメージとして行われますので、概念的、類的なイメージではなく、具体的なイメージに近づくことになります。比喩がうまく行われると、類的な言葉の指示対象を個別の具体物に近づける作業が理解者の頭のなかで自然と行われるわけです。「大きな犬」を「子牛ぐらいもあろうかと思われる大きな白い犬」というだけで、より具体的なイメージに近づきます。「小石」を「金平糖をカナヅチでたたき割ってまき散らしたような」とでもいうと、形のイメージはぐっと具体化します。「……その小石を宝石研磨人よろしく、懸命に磨いて……」といえばその必死さが伝わってきます。

言葉は喩によって表現の正確さを進化させてきました。「口」から「入り口」「出口」という言い方が比喩と共に一般化し、やがて「宵の口」「明けの口」などが生まれ、「口が減らない」「口が悪い」「口は災いの元」「口八丁手八丁」「口をたたく」「口を固める」「口減らし」等々の表現性豊かな言葉が生まれてきます。これらは元来比喩から生まれた言葉ですから、元の「口」よりもイメージ喚起性が豊かなのです。ここにわかるように、喩はいつも「○○のように」という言い方で使われるとは限りません。むしろ、隠れて使われることが多い（たとえば換喩のように）といえます。細かなことはいいのですが、言葉は対象をできるだけ具体的に指示できるように、喩という工夫をすることが大事ということがここでのポイントです。喩の代わりに形態をあらわす形容詞や副詞を使うことも大事です。喩に近い意味作用が起こるからです。ただし、多用しすぎると、肝心の子どもの部分的行動だけを記述することになりがちですので、多用は禁欲してほしいと思います。

「子どもをあらわす」という場合、子どもの心の世界の感情など流動的な内容を言葉で外化するわけですから、その表現が論理的で多義性の少ない、すっきりしたものになることは、できるだけ適切に外化するということに背馳することになりがちです。流動的なものの表現には喩はある程度必要になるのです。いずれにしてもこのように、言葉で子どもをあらわす場合も、詳しく伝えたいところはできれば比喩を使った表現にするということが、言葉の限界を克服する有用な方法だということをぜひ知ってほしいと思います。

「三人称的記述」と「一人称的記述」の関係

言葉で子どもをあらわす場合に、もう一つ気をつけたいことは、言葉の指示対象（語義）と、言葉の「意

＊5　鯨岡氏の提唱する「エピソード記述」の具体的な方法等については、次の書籍を参照のこと。
鯨岡峻『エピソード記述入門——実践と質的研究のために』東京大学出版会、二〇〇五年。
鯨岡峻・鯨岡和子『保育のためのエピソード記述入門』ミネルヴァ書房、二〇〇七年。

味」は単なる表裏の、あるいは二側面という関係ではなく、片方は三人称的つまり社会的な内包で、もう片方は一人称的、個人的な内包だということに関係しています。大事なことは、子ども自身にその言葉の「意味」がわかるような書き方で、子どものことをあらわすことを目指すということになります。このことはとても微妙で難しいのですが、あらわそうとしている人が、そのあらわし行為で、子どもに育ちが促されるようなあらわし方を心がける場合には意味をもちます。端的にいえば、あらわそうとする人が、子ども自身の「意味」世界の形成ということに関心をもち、それに配慮するような子どもの観察の仕方、あらわし方を心がけることで、その人（保育者）が子どもの心の世界をより深く理解できるようになる、ということです。

別の言い方をすると、子どもの行為の記録をするとき、子どもがしている事柄を客観的に叙述するというだけでなく、そのときのその行為によって、その子が何かにどういう感情をもってどのようにそれを価値づけしているかということを、その行為を手がかりに推測するということが大事な意味をもつということです。その推測部分は、子どもをあらわす場合の、あらわす人の主観的な読み取り部分になります。看護実践などでは、この読み取り部分を主観的記述、体温とかだるさなどは客観的記述といい、その両者を厳密に区別することが課せられます。前者をS（subjective）記述、後者をO（objective）記述などといいますが、これをもとに評価し（A：assessment）、プラン（P：plan）を考えるので、その過程全体をSOAP（ソープ）といっています。記録誌ではS部分とO部分は欄が異なっていて、はじめから形式的に分けられています。保育や教育ではあらわし行為の歴史がまだそれほどありませんので、ここまで形式的に分けられていませんが、エピソード記述の際には、客観記述をしたうえで、その際の子どもの思いを想像的に書くことが課せられ、それが主観的記述とされることが多いようです。

ナラティブ・アプローチという方法

ところで、こうして形式的に分けても、子どもがその場で行ったことは、そこでの保育者の見守り、まなざし、姿勢、声掛けなどが背景にあって生まれるわけですから、その行為自体が、保育者と子どもの共同産物（構築）であるという面が避けられません。たとえば、怖い保育者の前と優しい保育者の前では、他の物的環境が同じでも、子どもの行為は変わってしまいます。つまり子どもの保育の場での行為には、ある意味で保育者との共同行為、関係的な行為の面があるわけです。これはウィニコット（Winnicott, D. W.）の「一人の赤ん坊というものはいない」という有名な言い方に示唆されている大事なポイントです。ウィニコットは先の言い方に続けて「その意味はもちろん、赤ん坊がいればそこには必ず母親のケアがあるのであって、母親のケアがなければ赤ん坊というものはいない、ということである」[*6]といっています。これは赤ん坊は、ケアという関係のなかでのみ存在していて、一人で存在できるわけではないということを言いあらわしています。これを敷衍すると、幼い子どもは、質が問われる保育者のケアという行為との関係のなかでのみ存在しているともいえるでしょう。問われるのは子どもだけではなく、その子と接して世話をしている保育者の姿勢、態度もだ、ということです。

『子どもの声からはじまる保育アセスメント――大人の「ものさし」を疑う』という本の最初のほうで、松井氏が、アセスメントの主体は誰か、具体的には「子どもを理解するのか」それとも「子どもと理解する」

＊6　Winnicott, D. W. (1960). The theory of the parent-infant relationship. *International Journal of Psychoanalysis*, *41*, 585-595.

＊7　松井剛太・松本博雄（編著）『子どもの声からはじまる保育アセスメント――大人の「ものさし」を疑う』北大路書房、二〇二四年、六頁。

のか」、ということが実は大事な論点だ、としていることもこのことと関わっています。[*7] 当然、子どもと理解するということがアセスメントの基本方法となるわけです。

この視点に立つと、子どもをあらわす場合、子どもの言動を客観的に記述し、それに対する保育者の対応を主観的に記述するという通常のあらわし方では不十分になり、双方とも客観的な対象となる、つまり一人称である保育者が、子どもも自分も保育という舞台の登場人物として見ている作家になって、保育の顛末、特に子どもと保育者の関係の機微を物語的に記述するという手法が具体的に浮かび上がります。

しかし、これは日常のあらわし行為では手間暇がかかりすぎ、実際には不可能に近いでしょう。そこで、この物語的に記述するということを強調する独自の手法が研究されてきました。それがナラティブ・アプローチというものです。[*8] ナラティブはストーリーと似た意味ですが、簡単にいえば、人々が何かについて語ることによって、現実を物語性のある現実として浮かび上がらせる手法といってよいものです。おしゃべりや記録を別の視角から価値づけしたといってもよいかもしれません。特に、子どものことを客観的に語るだけでなく、そのときのその子の心の動き、特にその子が関心をもった対象への価値づけすなわち「意味」づけの活動を想像的に再現していく言葉を絡ませていくことが、ナラティブ・アプローチでは大事になります。それを一人でなく複数人でする。同じ子どもの同じ行動について、複数の人間（保育者）がその「意味」づけを吟味していくということが大事になります。

こういうことを可能にするため、最近、保育園などでも子どもの午睡中に、乳児の担当者、幼児の担当者のように分かれ、午前中の子どものことを特にその「意味」づけに興味をかき立てられた行動を中心に語り合うということが行われ始めています。一般に「振り返り（リフレクション）」といわれていますが、これはできるだけ子どもの側に近づいて、その「意味」づけを代弁するやりとりですから、今述べた「子どもと理解」する方法に近づくことになります。厚生労働省の保育課が、保育行政の担当部局がこども家庭庁に移る直前に、保育の質を上げるために行うべきことを検討する会（「保育所等における保育の質の確保・向上に関する検討会」）を組織しましたが、そのなかで保育所の自己評価のガイドライン[*9]の見直しが行われました。新しいガイドラインが強調したのは、子ども理解のための保育者協働による議論を行うこと（対話）でしたが、その内容もここでいうナラティブ・アプローチといってよいものになっています。今後、このナラティブ・アプローチを各園で深めていくことが子どものあらわし活動で重視されてくると思います。ちなみに、こうしたアプローチを自覚的に物事一般を認識する際の重要な原理にしていこうとした哲学的

＊8　以下のナラティブ・アプローチに関する記述は、次の本などを参考にした。
J・ブルーナー、岡本夏木・吉村啓子・添田久美子（訳）『ストーリーの心理学——法・文学・生をむすぶ』ミネルヴァ書房、二〇〇七年。

野口裕二『ナラティヴと共同性——自助グループ・当事者研究・オープンダイアローグ』青土社、二〇一八年。

二宮祐子『保育実践へのナラティヴ・アプローチ——保育者の専門性を見いだす四つの方法』新曜社、二〇二二年。

＊9　厚生労働省「保育所における自己評価ガイドライン（二〇二〇年改訂版）」二〇二〇年。

＊10　現象学的方法については、たとえば次に挙げるように、保育や教育の文脈で解説した本や、現象学の入門書も多く出版されている。
中田基昭（編）篠瀬はるか・鈴木志織・加藤優花『保育のまなざし——子どもをまるごととらえる現象学の視点』新曜社、二〇一九年。

中田基昭『教育の現象学——授業を育む子どもたち』川島書店、一九九六年。

山口一郎『現象学ことはじめ——日常に目覚めること 新装改訂版』白桃書房、二〇二四年。

＊9

手法があります。それがフッサール（Husserl, E. G. A.）によって体系化された「現象学的方法[*10]」です。フッサールは客観的な存在ということをアプリオリに前提とせず、事実としてあるのは、そこにたとえばコップがあると認識している主観だけということを前提として認識論を進めます。私がそこにコップがあると認識しているだけで、同じものを別の人は別の意味づけをして認識しているかもしれない。客観的にあるということを無前提に、つまりアプリオリに前提することを禁欲しようとするのです。認識しているのはそれがなにがしかの特徴をもったコップという主観で、先ほどの私の説明でいえば「意味」のほうだとするわけです。そこで、そう主観的に認識している「自然的態度」をいったんエポケー（停止）して、私の主観のなかを丁寧に吟味していくという現象学的還元を認識の基本方法として提案したわけです。

フッサールの方法は、先ほどの私が説明した文脈でいうと、「意味」の世界にとどまり、そこからその意味世界を丁寧に吟味することで「指示対象」の世界に主観性を失わないで近づこうとする方法といえるでしょう。のちのハイデッガー（Heidegger, M.）、フランスのメルロー・ポンティ（Merleau-Ponty, M.）も独自の手法でこの現象学を引き取っていますが、私たちの子どもをあらわすという課題からいうと、先のナラティブ・アプローチと近接性があり、今後、保育学が積極的にこなしていかねばならない手法といえると思います。

4　写真などによるあらわしの意義と配慮

残された紙数はわずかということもあり、また本書のなかでも写真やドキュメンテーションに関し焦点を当てた章もあるので、ここでは詳しくは記述しませんが、言葉による種々の限界を克服するための「あらわし」の方法である写真による「あらわし」について一言コメントしておきます。

写真は、たとえば子どもたちの遊んでいるときの表情、姿勢、そのときの場所、背景、そのときの場の色合い、明るさなどをある程度具体的に伝えますので、言葉とは異なった伝達媒体であることは間違いありません。写真は、機械による「あらわし」ですから、誰が撮っても同じようになると思われがちですが、実際は違います。同じ子どもを撮っても、撮る人によってかなり異なった写真が出来上がります。それは、撮る人の価値観、どうした表情を撮りたいか、どういう遊びをしているところを撮りたいか、どの角度からあるいはどのような姿勢を撮りたいか、はっきり撮りたいかぼかして撮りたいか、どういう背景で撮りたいか、等々の好みや嗜好性などが異なるからということがあるからですが、同時に撮る人の技術、習熟度などが異なるから、ということもあります。

保育者の場合、たいていはたまたま被写体（子ども）がおもしろいことをしていたというような理由で、その場でスマホなどでその場の様子を写真にすることが多くあります。その意味で偶然撮ることが多いのですが、なかには撮ることに興味をもつようになって、できるだけ「いい写真」を撮りたいという姿勢で保育中、写真を撮ることに強い関心をもつようになる人がいます。しかし、多くの場合、これは本末を転倒させるものとなります。実際、園によっては、ドキュメンテーションをつくるために、いい写真を撮ることを職員に課し、それをその日のうちに印刷等をして保護者に見てもらうということを日課としているところがあります。しかし、そうした園をよく見ていると、保育者はいい写真を撮ることに関心を注ぎすぎ、肝心の保育のなかでの子どもの姿にさほどの関心をもっていないと思われるような姿勢になっていることがよくあります。これはドキュメンテーションが、子どもを理解し、保育の成否を議論する、つまり保育の評価活動（アセスメント）をする際の資料にすぎないのに、「いいドキュメンテーション」をつくること自体が目的になり、それが「質の高い保育」になるという錯覚が生じてしまっているのです。保護者に子どもの具体的姿を伝えたいという思いで写真を撮ることはあってもいいのですが、あくまでも保育を吟味しよりよくするための一つの手段（資料）であり、目的になってはならないのです。

そうした禁欲ともいうべき立場を踏まえれば、写真や動画というメディアは、言葉にはない具体的情報を伝えることが可能ですので、また別の意義があるといえます。またこれから新しいメディアの登場などにより、「あらわし」の方法もさらに増えてくることも予想されますが、それぞれのメリットと限界を各職場できちんと議論して、これからの子どものあらわしの保育独自の形態を編み出していくことが求められるでしょう。

第1章 記述することから見えてくる

青山 誠

詩は散文より先に発見された。それは当然だった、情念は理性よりも先に語ったのだから。
(Rousseau, J. J., 1781)[*1]

1 子どもをあらわすということ

その日の帰り道、私は空についてぼんやりと思い出していました。それは一歳のはるまくんと見上げた空で、そういう言い方が妥当だとすれば「なんてことのない空」でした。

*1 Rousseau, J. J. (1781). *Essai sur l'origine des langues.*（ルソー、増田真（訳）『言語起源論――旋律と音楽的模倣について』岩波書店、二〇一六年、九一頁）。

はるまくんはその日、午前中に寝てしまって、ご飯を食べた後もそれほど眠くもなく、手の空いた私が園庭に連れ出して二人でひまをつぶしていたのです。私は最初、はるまくんがどこへ行くのか、注意深く後をついていくことにしました。はるまくんはとっとっと小走りに園庭を横切り、端にある外階段を右足で、また右足で、よいのよいのと一段ずつのぼっていきました。階段をのぼりつめたところで、満足そうに腰をおろしました。私もその隣に腰をおろしました。ふいにはるまくんが「あ！」と言って空を指さして、それから私を見ました。それは五月のことで、ひとすじの雲が風に吹かれて、昼過ぎの眠たいような空をゆったりと流れていきました。大自然のなかにある雄大な空というわけではありません。世田谷の住宅街のなか、屋根たちにほうぼうから切り取られ、ようやく垣間見えた空でした。雲は流れながらだんだんとほどけていきます。それを二人でしばらくながめていました。

私はそのはるまくんとの空を思い出していたのです。それはほんの数分の出来事でしたが、ふしぎとその時間の感触が心に残りました。それで帰ってから、バッテリーのあやしくなってきた古いPCを開いて、なにか書き留めようとキーボードに両手を乗せてみます。「あのときは幸せだった」「あのときはるまくんは何を感じていたのだろうか」「雲といっしょにほどけていくのは……」このあたりまで書いて恥ずかしくなってきたのと、それ以上書くとあの時間がまったく別なものに変わってしまいそうで、ため息をついてPCを閉じました。

保育者として生きてきて、思えばこんなことが今までいくらもあった気がします。子どもと生きた時間の感触をまるごとつかみたい、けれど言葉にするとなにかを損なってしまうような気がして、「やっぱり大事なことは言葉にできないんだ」というため息とともに諦めてしまうようなことが。

とはいえ私も他の保育者と同様、日誌や連絡帳にはじまり、数多くの文書を書いてきました。書くことに不慣れなわけではなく、むしろ職業的な用件として日々行ってきました。保護者や同僚との情報共有のため、PDCAサイクル的に「保育」を振り返り、また次を作るため、役所へ提出する義務的な書類作成のため……。そうした保育の記述は、いわば私たち保育者が保育を「生き続ける」ために、書かれているものです。しかしそうした文章を書きながら、私はいつもある種の満たされなさを感じていました。それらは、私たちが保育を「生きる」際に感じた時間の肌理をあらわしてはいないのです。事例やエピソード記述でさえも、最終的には「教育的な」意味や価値にまとめることが多く、私はそこに何か決定的な「ずれ」を感じ続けてきました。

2　保育者と「教育」のずれ

そのずれは単に書き方のずれというよりも、もっと根本的に私たち保育者と「教育」の間にある大きなずれを暗示しているのかもしれません。私たちは「保育」や「教育」を子どもという他者への行為とその結果のように語りながらも、実際にそれを生きるときには目的的に生きているわけではありません。いったい誰が目的的に泥団子をこねたり、汗だくになって鬼ごっこをしたりするでしょうか。

教育学は、精製変容の出来事を発達の論理に従属する狭隘なレベルでしか語ることができなかった。

例えば、遊びがそのよい例である。遊びは遊びの外部に目的をもたず、有用なものを生みだすための手段ではなく、遊び自体のうちに自己が溶解する自由で歓喜に満ちた生成の体験である。遊びとは、時間とエネルギーとが無用に濫費される蕩尽なのである。遊びは「企図の観念」から離脱し、有用性に基づく網の目としての「事物の秩序」を破壊していくのだ。しかし、教育の世界では、遊びの本質である体験の次元は二次的なものとみなされ、遊びは経験として捉えられ、結果としてもたらされる発達的効果をもって遊びの本質にされてきた。遊びは子どもの体を丈夫にするとか、さまざまな役割や規則を学ぶことができるようにするとか、人間関係を豊かにするとか、自然や社会についての認識能力を高めるとか言われてきた。どれもまちがっているわけではないが、発達としての教育は、遊びを経験とみなし、遊びが結果としてもたらす教育的効果を強調し、保育者・教師に遊びを教育の手段であることを教えることによって、遊びが本来もっている生成の力を縮減衰弱させてきたのである。[*2]

私たち保育者は「教育」の言葉のなかでずっと座り心地の悪い椅子に腰掛けているような気がするのです。一歳児（はるまくん）と見上げた空のように、保育者は子どもを見るのではなく、子どもが見ている世界を見ようとします。保育者とは子どもと共にいて、垣間見た風景に憑かれていく者のことをいうのではないでしょうか。

子どもと共振して見えてくる世界がある、それが保育の始まりであるにせよすべてではないことは、私もこの職業を長いこと続けてきて了解しています。むしろ私としては、保育という仕事がどんなに複雑で、複合的な仕事かをもっと世の人にわかってもらいたいくらいです。しかし保育者が保育を「生き続ける」ことが、生い茂った森を歩くように複雑なことであったとしても、保育を「生きる」ことの価値は、子どもと過ごす時間のなかに秘められています。

帰り道、子どもと過ごした時間はまだうずうずと息づいてどうにも完結しません。それはすでに生きられたはずなのに、これから生まれ出ようと私のなかで待っています。握った手の感触、ふと見上げた空、見つけた石ころのすべすべ、それら一つひとつ、そしてその場に満ちていたまるごとをあらわせるとしたら。私はときどきそんなことを夢想せずにはいられないのです。

私たちは子どもとの時間をあらわすための、それに見合った言葉をいまだもっていないのではないでしょうか。ある意味仕方なく、「教育」の言葉で代用をして語ってはいるものの、保育を生きているときに私たちが感じているまるごとすべてをあらわすことができれば、私たちはもっとたくさんのことをあらわし、また価値づけることもできるのではないでしょうか。この論考ではそのことを保育の記述という側面からさまざまに問うてみたいと思います。

3　保育の記述における副詞について

『どういうわけでうれしい？』という質問に対して人は容易にその理由を説明することができる。けれども『どういう工合にうれしい』という問に対しては何人もたやすくその心理を説明することは出来

＊2　矢野智司『贈与と交換の教育学――漱石、賢治と純粋贈与のレッスン』東京大学出版会、二〇〇八年、二一二頁。

ない。（中略）どんな場合にも、人が自己の感情を完全に表現しようと思ったら、それは容易のわざではない。この場合には言葉は何の役にもたたない。そこには音楽と詩があるばかりである。[*3]

子どもと生きた時間を教育的な意味にまとめるのは、保育における「どういうわけで」を説明することです。保育の「どういう具合に」をあらわそうとするなら、いっそ保育は歌われる必要があるのかもしれません。なぜ、保育における「どういうわけで」を記述するだけでは飽き足らず、「どういう具合に」をどうしてもあらわしたくなるのでしょうか。

そもそも保育者は子どもとの間の「どういう具合に」を感じ取りながら、日々の保育をしています。一人の子が泣いているときに、「どういうわけで」泣いているのか、その理由を探ることも必要ですが、「どういう具合に」泣いているかを感じ取るところから保育ははじまります。痛そうなのか、悔しそうなのか、怒っているのか、もうぐちゃぐちゃになってしまったのか。保育をしていると、心は分析してばらばらにして「わかる」ものではなく、質感として「まるごと感じ取られる」もの、自分の心のなかに「ふいに流れ込んでくる」ものです。わかる（理解する）から関われるのではなく（そうした場合があることも否定しませんが）、わからないままに関わっていることも多いのです。

この「どういう具合に」をそのまま言葉の問題として見るならば、副詞について考えてみる必要があります。岩田は、レディ（Reddy, V.）やライル（Ryle, G.）を参照しながら次のように述べています。[*4]

レディは、ギルバート・ライル（Ryle, G.）の言葉を借りて「心は名詞としてではなく、副詞として見るべき」と述べています。（…中略…）そして、心が表にあらわれていることは、名詞としてではなく、「心配そうに」「用心深く」「自信満々で」「思慮深く」「注意深く」「目的をもって」など、副詞として見ると、見えてくるとしています。

岩田はこれをうけて、「心」のあらわれを、「副詞」的に記述すること、つまり「二人称的記述」を試みています。ここで私たちも実際の保育者たちのエピソード記述のなかから副詞を抜き出して見てみようと思います。

上町しぜんの国保育園では二〇一九年の開園以来、「ナラティブツリー」というエピソード記述の試みをしています。職員それぞれが記したエピソード記述を持ち寄り、コメントをし合います。二〇二四年七月の時点で二六九六個の記述が集まりました。それに語句検索をかけて副詞を見てみます。（　）内は各副詞が頻出するノートの数です。

＊3　萩原朔太郎『萩原朔太郎〈ちくま日本文学全集〉』筑摩書房、一九九一年、四九－五〇頁。
＊4　佐伯胖（編著）『「子どもがケアする世界」をケアする――保育における「二人称的アプローチ」入門』ミネルヴァ書房、二〇一七年、九〇－九一頁。なお、この引用箇所で参照しているレディとライルの文献は次の通り。
Reddy, V. (2008). *How infants know minds*. Harvard University Press.（ヴァスデヴィ・レディ、佐伯胖（訳）『驚くべき乳幼児の心の世界――「二人称的アプローチ」から見えてくること』ミネルヴァ書房、二〇一五年）。
Ryle, G. (1949). *The concept of mind*. Hutchinson.（ギルバート・ライル、坂本百大・宮下治子・服部裕幸（訳）『心の概念』みすず書房、一九八七年）。

〈いっぱい〉（二八七）
・〇〇くんってどきどきしちゃうことがいっぱいあるから、
・「ごめんね」と白い折り紙いっぱいに大きな字で書いてあった
・「ありがいっぱいいるよ！」
〈ゆっくり〉（二三〇）
・「わかったよ～」という不満そうな返事とともにゆっくりと動き出し、
・「ゆっくりやすんでください、おだいじにー！」
・気持ちが落ち着いてからゆっくり気持ちを聞いてみると
〈そっと〉（一五七）
・多すぎず少なすぎない量の土をそっとそーっと
・そっとそっと入ってくる、そして、そぉーっと隣に座る
・ママが来てくれることをそっと伝えた
〈急に〉（一六七）
・一番後ろで急に歩みを止め、なかなか歩き出さなかったり……
・急に、「ぐわあ！」と叫びながら、
・急に始まってしまったケンカにびっくりしているような表情でした
〈ちょっと〉（九四三）
・ちょっと躊躇しつつもやっぱり使いたいという気持ちで

・ちょっと強く言ってしまった。
・すべり台の下ってちょっとジメっとしていて、ダンゴムシやミミズがよくいる。
〈いつも〉（七一三）
・いくちゃんはいつも何か考えながら物を触ったり水に触れたりする。
・いつもの三人だけではなく、他での関係性も深まってきているように感じる
・「かみさま、こんにちは。いつもありがとうございます。」
〈ぐちゃぐちゃ〉（七五）
・子どもたちとぐちゃぐちゃになって楽しみながら
・敷いてあった座布団がぐちゃぐちゃになっても、
・お母さんや私にぶつけてみたり、ぐちゃぐちゃになりながらも自分でもその気持ちをどうにかしよう、
　気分を変えようと

いかに多様な副詞が頻出するかが見て取れ、日々保育者が心や事象を「どういう具合に」の次元で感じようとしているさまが伝わってきます。試みに、もし私たちが保育の「どういう具合に」だけをあらわそうとしたら、副詞だけをつなげてその日の保育を表現してもいいかもしれません。

〈例文〉
「いっぱいだね」

「いや、ゆっくりだったよ、そっと、そーっと、ね」
「でも急にさ……」
「でもちょっとだよ、ちょっとだった」
「いつもさぁ、そうやって、いっつも」
「ぐちゃぐちゃだ、あー、ぐちゃぐちゃになっちゃった」

当然のことながら記述における副詞の多用が、保育における記述の「正解」ということではありません。副詞の使用に限らず、保育者たちの記述の総体から保育における「良い書き方」、有用な手技のいくつかを導き出せるでしょう。しかし、私たちがこの論考で探究したいのは、保育のための文章読本の類ではありません。いかに「伝えるか」という側面で言えば、良くも悪くも、私たち現場の保育者はそれを日々実践しています。良くも悪くも、というのはある局面では保育は価値として「うまく」伝えることが保育を「生き続ける」うえではとても重要だからです。その「うまさ」に自ら拘泥しながらも、そうした局面抜きでは保育という場を多様な他者と共に育むことはできないのです。しかしそれは保育を「生き続ける」課題であり、今回は記述の面から子どもをあらわすという欲求に迫ることで、私たちが子どもといかに生きているか、その近くて遠い風景に迫ることです。

岩田の記述における副詞への着目も、同書で佐伯が示している「情感込み」[*5]で子どもを理解することに根ざしたものです。私たちも、記述と子どもを「見る」こととの関係を探ってみましょう。「いかにあらわすか」の前に、そもそも子どもや保育の場が私たちに「いかにあらわれてくるか」を見る必要があるのです。

4 保育者に場が見えてくること、及び身体の錬成

情感は「私」と「あなた」とが溶け合うようなその場に漂い、保育者は視覚だけではなく、匂いや音や手触りなども含めて〈どういう具合に〉を身体的に感じ取っていきます。保育者の実感からすると「見る」というより、「見えてくる」というほうがしっくりきます。そのためには保育者が自身の身体性をどのように練り上げていくかが課題になってきます。

保育者が身体を練り上げていくことと、見えてくることの関係性について、具体的な例を見てみましょう。

保育の現場においては複数人の子どもを同時に見ることがほとんどで、いろいろな出来事があちらこちらで同時に起こります。私自身、保育者になりたての頃はそのような混沌にみちた現場で子どもたちをどう見ていったらいいのか戸惑っていました。

その当時勤めていた園では、一六〇名の園児が部屋や園庭に散らばって自由に遊んでいました。初心の私は自分のクラスの子どもがいったいどこに行ったのかもわからず、その把握に追われる日々が続いていました。そこで私は「保育室」と「園庭」とを俯瞰した手作りの鳥瞰図を用意して、毎日決まった時間（およそ一〇時五〇分とおよそ一三時との二回）にだれがどこにいるのかを書き込んでいきました。それを一か月続

＊5　佐伯、同前書（＊4）、一一－一三及び四八－四九頁。

けて、書きつけたものを振り返ってみると、関係性で遊んでいる子たちがいたり、特定の場所にいる子がいたり、またある種の遊びが好きな子がいたりすることがわかりました。

そうした理解以上に、鳥瞰図は私の身体に変容をもたらしました。鳥瞰図を書き込む時間になると、場を俯瞰して見渡すクセがついてきました。鳥瞰図を書き込むとき以外でも、泣き声や歓声などを聞くだけである程度の見当がつくようにもなりました。さらに「そろそろあそこはああなっているかもしれない」という予測もつくようになり、確認しに行くとそのとおりになっていることが多くありました。そのとき自分が感じたままを言えば、保育室と園庭に自分の身体を偏在させているような感覚を覚えました。「私」という一つの視点からあちこちを見回すというよりも、場そのものが身体になっていて、泣き声や歓声が起これば「場－身体」がぴーんと震え、築山では時間の流れが「場－身体」としてうごめいている、そういう感じが確かにしたのです。

保育で起こる出来事はそれぞれ微妙に影響し合い、響き合って、「場」として立ち上がってきます。保育者にとって子どもを見るとは、ポリフォニックな場そのものを自分の身体に共鳴させていくこと、そのように「共鳴する身体」を錬成していくことです。このような身体性の位相を抜きにして、「子ども理解」を概念的にいくら整理しても臨床知にはなり得ないのです。保育が変わるということは身体が変わるということだからです。

身体の偏在というのも保育者なら当たり前にやっている身体性の調節の一つです。たとえば鬼ごっこでだんだんと保育者の存在感を消していくというとき、あるいは赤ちゃんたちのいる場所でその場に自分の身体をじわじわとなじませていくとき、保育者はなるべく自分の身体を透明にしようとしたり、その場に溶け込ませようとしたりします。おそらくこう書いただけで、多くの保育者は見当がつくはずです。

ただし身体にはかならず波があります。保育者はあるときは眠かったり、おなかが空いていたりします。あるいは何か昨日のことが心に重たく残って、保育中にぼんやりしてしまうことだってあります。こうしたことを「あってはならない」と戒めるのは簡単ですが、毎日保育の場に立つということは、こうした身体の波と付き合っていくということであり、保育者という存在はいつでも一定の機能として一般化されることはありません。それはどこまでも属人的なゆらぎを伴います。だから「早く寝る」ことが大事になってきます。早く寝て、保育での「もろもろのもやもや」を冷ましていかなければいけません。あるいは、忘れるということも保育においては大切です。記録や振り返りも同じで、私は保育者の記録や振り返りというのは、保育の熱を心のなかから切り離して、保育者が早く寝るためにあるものだと思います。実践とは「もろもろのもやもや」に付き合いながら、明日の朝どのような状態で子どもに「おはよう」を言えるかにかかっているからです。毎日保育をするということはそのように厳しくも、「もやもや」なものです。

5　聴き入る、あふれ出る

では、そのように身体性をかけて感じ取られたものはどのように外へと向かって表出されるのでしょうか。

レッジョ・エミリアの保育者やアトリエリスタは、子どもたちが何かのモノとかかわっているとき、そのモノの「願い（desire）」を聴くことを促す。「そのモノはどうなりたいのだろう？」そう問われると、子どもたちはそれぞれのモノのさまざまな「行く末」を空想しはじめる（心の中にいろいろな「絵」を思い浮かべる）。それを実際の「絵」に描いたり、あるいはそのモノに働きかけ、動かし、変形して、そのモノが「なりたいように、ならせてあげる」のである。まさに、「アート的思考」が活発にはたらき、自然に「詩的／物語的ことば」がほとばしり出る。[*6]

ここで注目したいのは「ほとばしり出る」とか「おもわず口に出す」という点です。子ども－モノ関係と同じように、保育者が子どもに「聴き入る」ときも、保育者のなかから何かがほとばしり出ようとします。それが「アート的な思考」であるなら、本来その表出は多様な形をとるはずです。また、子どもからの表現をうけて一緒にプレゼンテーションをするならば、それは「子どもとあらわす」という位相でも語れるでしょう。

表出が多様な形をとるからといって、それは「恣意的なつくり話」ではありません。子どもとの関わりは、先に見たように目の前の子どもの他者性につきあたりながら行う、あくなき対話的な行為です。記述が恣意的なつくり話に陥るとき、それは記述の形式の問題ではなく、子どもに関わるときの姿勢の問題なのです。それゆえ客観主義的な、「正確な事実の報告」という記述の形式のなかでも、恣意的なつくり話が行われる可能性はあります。

6 倉橋惣三、津守眞による保育の記述の可能性

多様な表出の形を探るために、保育の先達たちの記述を見てみましょう。

倉橋惣三の文章はなぜこれほどまでに長く、広範な影響力をもっているのでしょうか。倉橋の魅力とは、誤解を恐れずに言えば事例や理論の魅力ではなく、その文体の魅力であり、それはたとえば倉橋が「育ての心」のような箴言の形をしたものも、「夏子」のような小説体のものも書けたということに尽きるのではないでしょうか。倉橋は、子どもや保育を「アート的思考」をもって豊かなヴァリエーションで表現したといえます。萩原朔太郎は詩を「生きて働く心理学」と言いましたが、倉橋の文章もいまもそこから意味を生成し続けるような類のテクストであり、読んだ者の内にある「子どもとの時間」と共振していくのです。ただし倉橋の文章を「文学」に分類して終わるわけにはいきません。津守眞は倉橋の文章を「私の観点からいうならば、現代の現象学的児童研究の先駆をなすもの」と述べています。[*7] 津守は方法論的な自覚に鋭敏な研究者であり、その津守からすれば、倉橋の文体は質的研究における方法論的な記述であったのです。倉橋の多様な文体は、そのつど子どもをあらわすために方法論的な自覚に基づいて発明された記述であり、質

---

*6　佐伯胖『幼児教育へのいざない――円熟した保育者になるために［増補改訂版］』東京大学出版会、二〇一四年、二〇四－二〇五頁。

*7　津守真『子ども学のはじまり』フレーベル館、一九七九年、二一三頁。

的研究の記述が「客観的な事実の報告」という文体に限られない可能性を示唆していると津守には見えたのです。津守が研究者として図抜けていることは、倉橋の文章の印象批評に終わるのではなく、また倉橋の権威化、古典化で終わるのではなく、このような倉橋への鋭い批評にも示されています。

一方で津守自身の記述はどうでしょうか。津守は出来事Aの意味を解明するために、理論Bをもってきてそこにあてはめようとはしません。出来事Aのまわりに、出来事Aから想起される挿話C、D、E……を書き綴っていく。出来事Aを起点にしてパラフレーズして全体を「図」として浮かび上がらせようとする試みにも思えます。倉橋が子どもとの時間の肌理をその文体のリズムや、創造的なバリエーションであらわそうとしたとすれば、津守の記述はさまざまな挿話を布置させて図として浮かび上がらせ、執拗に因果関係的な説明や意味づけを遠ざけながら、くりかえし子どもとの「今」に降り立とうとします。

私たちは倉橋のようにも、津守のようにも、書ける可能性をもっています。それは倉橋や津守の文体や方法論をそのまま真似しようということではありません。また倉橋や津守のように私たちが自在に書けるということでもないのですが、子どもをあらわすということには多様な道があり得るという可能性を倉橋と津守のテクストは指し示しています。

私たちは「どんなふうにも書いていい」と言われた途端に、その自由の前で途方に暮れてしまいそうなものですが、実際には保育の記述の形はかなり限定的です。それがどのような限定なのか、「視点」や「プロット」という記述の構造の面から見ていきましょう。

7 保育の記述におけるPOV

ストーリーにおいてどのような視点から語られているかを、Point of View（POV）と呼び、幾つかの種類があります。保育の記述におけるPOVを探ってみたらどんなことがわかるでしょうか。ここではアーシュラ・K・ル＝グウィンによるPOVの分類法に沿って文例を示しながら探っていきたいと思います。[*8]

一人称

アーシュラ・K・ル＝グウィンによればPOVは五つの類型に分けられます。その一つ目は「一人称の語り」といわれるものです。「一人称」のPOVでは、私という一人称から語られ、文中にあらわれるのは語り手の「私」が見聞きできたこと、思考できたことに限られます。これを保育の記述に置きなおすと、私＝保育者の視点から出来事が語られていくことになります。保育の記述のなかではもっとも一般的なPOVといっていいでしょう。例文を挙げてみます。

*8　Le Guin, U. K. (2015). *Steering the Craft: A Twenty-First-Century Guide to Sailing the Sea of Story*. Mariner Books.（アーシュラ・K・ル＝グウィン、大久保ゆう（訳）『文体の舵をとれ――ル＝グウィンの小説教室』フィルムアート社、二〇二一年、一一七–一五四頁）。

私が園庭に降りると、ともちゃん（三歳）が座り込んでいた。すこし様子を見ていると、どうやら近くで遊んでいる子どもたちの輪をじっと見つめているようだ。六月の雨上がりの園庭で、数人の子どもたちが「むっくりくまさん」をくりかえしやっている。それをともちゃんは少し離れたところに座り込んで、じっと見つめているのだった。入りたいのだろうか、声をかけようか。私がそう迷っているとふいにともちゃんのからだが動いた。むっくりくまさんの手つなぎの輪が回り始めるのにあわせて、ともちゃんも両手をひろげながら、歩きだしたのだ。ああ、ともちゃんはあそこでむっくりくまさんに入っているのだなと……

三人称限定視点

次に「三人称限定視点」。視点人物は彼もしくは彼女になりますが、一人称のPOVと同じで、語り手である彼もしくは彼女が見聞きできたこと、思考できたことに限られます。前出の一人称の「私」という語り手を、三人称の「春子（保育者）」に変えてみましょう。

春子（保育者）が園庭に降りると、ともちゃん（三歳）が座り込んでいた。春子はすこし様子を見ることにした。ともちゃんはどうやら近くで遊んでいる子どもたちの輪をじっと見つめていた。六月の雨上がりの園庭では、数人の子どもたちが「むっくりくまさん」をくりかえしやっている。それをともちゃんは少し離れたところに座り込んで、じっと見つめているのだった。
「入りたいのだろうか、声をかけようか」春子がそう迷っているとふいにともちゃんのからだが動いた。

むっくりくまさんの手つなぎの輪が回り始めるのにあわせて，ともちゃんも両手をひろげながら，歩きだす。
「ああ，ともちゃんはあそこでむっくりくまさんに入っているのだな」そう春子は思って……

一人称のPOVと違って，語り手そのものを客観的に語れる可能性がありますが，三人称のPOVは保育の記述ではあまり行われず，小説体で書かれた倉橋の「夏子」のような例外的な場合に限られます。

潜入型（全知の作者）

次に「潜入型（全知全能型）」。潜入型とはトルストイの『戦争と平和』やトールキンの『指輪物語』など数多くの物語や小説で導入されている型で，作者は全体を俯瞰した立ち位置をとって各登場人物のなかに自由に出入りし，POV（視点）はそれぞれの登場人物（文例では保育者や子ども）にうつっていきます。

私が園庭に降りると，ともちゃん（三歳）が座り込んでいた。すこし様子を見ていると，どうやら近くで遊んでいる子どもたちの輪をじっと見つめているようだ。六月の雨上がりの園庭で，数人の子どもたちが「むっくりくまさん」をくりかえしやっている。それをともちゃんは少し離れたところに座り込んで，じっと見つめているのだった。
ともちゃんは思った。「たのしそう……でも，おいかけられたらこわいな。さそわれたらどうしよう」そうこう迷っているうちに，またむっくりくまさんの手つなぎの輪が回り始める。ともちゃんも両手をひろげて歩きだす。「むっくりくまさん，むっくりくまさん，あなのなーかー」

潜入型にすると写真にふきだしをつけてしまうように、保育者側からの推察にすぎないものが、ともちゃんの心の内として確定的に語られてしまいます。全知全能であるような語り手は保育の記述においては、子どもの他者性を担保できないという難しさがあります。

遠隔型

次に「遠隔型」。これはいわゆる「客観主義的な記述」としてもいいでしょう。ここで客観主義とは、起こった出来事を一切の主観を交えずに捉えられると信じる態度とします。客観主義そのものについての議論はここでは割愛し、そうした態度からあらわす記述の文例を試みてみましょう。

一六時の園庭では数人の子らが「むっくりくまさん」という遊びをしている。そこから三メートルほど離れた場所にともちゃん（三歳）が座り込んで見ている。しばらくして、ともちゃんが立ちあがる。両手をひろげて歩きはじめる。「むっくりくまさん、むっくりくまさん、あなのなーかー」ともちゃんが歌っている。

この場合、視点人物は文中には登場しません。客観主義的な態度をとる「遠隔型」のPOVでは、視点そのものの主観性が隠されます。また保育者はその出来事のなかに自分も当事者として登場することも多くあるため、純粋に客観的な記述はそもそも保育において可能なのだろうかという問いが残ります。またあくまで事実とみなされるものを淡々と書いていくため、二人称的に情感込みで理解するような視点はあらわせま

せん。

傍観の語り手

他には「傍観型」といって、視点人物は作中に登場するものの、限りなく存在感が薄いヴァリエーション（ただし遠隔型とちがって文中には存在する）がありますが、保育の記述においてそれは、一人称のときと視点人物（ここでは保育者＝私）の登場の仕方の濃度の違いなので割愛します。

8　限定的なPOVのなかで優れた保育の記述とはどのようなものをいうのか

保育の記述の場合、ＰＯＶは保育者の視点、一人称にほぼ限られます。だれが観察し、だれが推察しているのかを明確にしながら、子どもや事象への見立てを繊細に語る必要があるためです。佐伯・岩田のいうような意味での「二人称的記述」はあるとしても、ＰＯＶは一人称＝保育者の「私」となります。ただ、そのことが保育の記述の可能性を狭めてきたともいえます。それは保育の記述を、起こった出来事の「正確」な、あるいは「誠実」な報告というトーンに限定し、保育者のモノローグ的な語りに傾きやすくなる傾向を強めてきました。では固定したＰＯＶに縛られている保育実践の記述において、優れた記述とはどのようなものをいうのでしょうか。

ヤダ、ヤダ！

最近、何かをする度に「ヤダ」と言っているあさみちゃん。お茶を飲みに来たのに、いざお茶を入れて渡すと「ヤダ」。外に出ようとテラスに出てきたのに、靴を履こうとすると「ヤダ」。でも、その「ヤダ」は本気の「ヤダ」ではないことが声のトーンや表情から伝わってくる。四月に会ったばかりのあさみちゃんの「ヤダ」とは明らかに違う。でも、「ヤダ」という言葉を言われるのは私だけなのだろうか？私が嫌なのかな？　など考えていた。桃佳さんにそのことを話してみると、「あさみちゃん、最近あずささんにすごく気持ちを出しているよね。でもホントに嫌がっているヤダとは違うのが分かるよ」と言ってもらった。もしかしたら、あさみちゃんの中には「ヤダ」の一言にもたくさんの伝えたい気持ちがあるのかもしれないと思った。そう考えてみると、あさみちゃんの「ヤダ」は否定的なものではなく、嬉しい、楽しい気持ちも入っているのかな？　と肯定的に考えられるようになった。

確かに「ヤダ」と言いながら顔は笑っている時もある。そんな時に、「あさみちゃん、お茶もらって〝やったー〟だね」と試しに伝えてみると「やった！」というあさみちゃん。おとながあさみちゃんの感じている気持ちを読み取って代弁していくことができれば、いろいろなあさみちゃんの気持ちを知れるのだと気づいた。

そんなある日、屋上へ行く階段の上で、「あずささーん！」と呼ぶ声が。あさみちゃんが初めて私の名前を呼んでくれた。最近の「ヤダ、ヤダ」が私への拒否ではなく、気持ちを出しているという桃佳さんの言葉が繋がった瞬間だった。私に興味を持ってくれていて出てきた「ヤダ」だったのかもしれない。子どもの言葉一つにいろいろな感情や伝えたい思いがあるんだな。あさみちゃんとこうして気持ちのやりとりができたことがとても嬉しかった。*9

ここでは保育者の一人称のPOVで語られつつも、保育者によるポリフォニックな子ども理解が展開されていきます。保育者自身によって「本気の『ヤダ』ではないのかな」「四月の『ヤダ』とは違うようだ」「私が嫌なのだろうか」という子どもへの複数の見立てや問いが提出され、さらに同僚からの「あなたに向かって気持ちを出しているのでは」という別の見立ても加わることで、「言葉一つにいろいろな感情や伝えたい思いがある」という新たな理解へと導かれていきます。さらにそのことでこれまでとは異なる関わりを通して、子どもとの新たな関係性が開かれていきます。

POVが一人称に限定されつつも、子どもへの一方的な評価に陥ることはありません。それはひとえに目の前の子どもの他者性にああでもないこうでもないとつきあっていく姿勢であり、さらに同僚などの他者が介在する機会にも開かれています。保育における優れた記述とはこのようなものをいうのではないでしょうか。

9　事象、出来事のポリフォニー

実際の保育の現場では「Aという出来事があったがゆえに、Bが起こり、それでCが起こった」とまるで直線的なプロットのように出来事が起こっていくことはほぼありません。一つの出来事は多くの伏線のなか

＊9　遠山洋一『響き合う子どもたち――共に創る保育の場から』ひとなる書房、二〇二二年、五二－五三頁。

からあらわれ、同時並行的に起こっている別の出来事と複雑に響き合っています。ところが先に見たように保育の記述のPOVが一人称に限定されていることと、出来事を目的的に捉え教育的な効果として評価するような「教育」の言葉のなかに私たちが縛られている限り、保育の記述は直線的なプロットをもつストーリーとして語らざるを得ません。

一方、保育ではウェブといっていま起こっている事象を書き出しつつ、保育者同士で今後の保育の展開図を語り合いながら描き出す手法があります。用い方は園や保育者によっても異なりますが、必ずしもそのとおりになる「計画立案」ではなく、いまある事象を挙げながら保育者同士がさまざまな想定や子どもの姿を語り合うことに主眼があります。

図1－1は私の保育のなかで、ある時期に起こったさまざまな事象をあつめた相関図です。これは事前に話し合われたウェブではなく、事後に書き留められたものですが、ウェブと共通するのはどちらも出来事が同時並行的に起こっていくさまを図であらわした点です。

図であらわせば容易なことも、保育の「記述」においては保育のポリフォニックな事象をかなり省いて単線的なプロットのストーリーにまとめがちです。そうした記述の保育における有効性はさておき、複数の出来事が関連し合い、響き合うなかに身を置く保育者の実感からはかけはなれていくことになります。

ではは出来事のポリフォニーをどのように記述したらいいのでしょうか。試みに、おおまかな時間の流れに沿って、図に示した複数の出来事を断片的に記述してそれを眺めてみようと思います。各エピソードは簡略化して書いてみます。

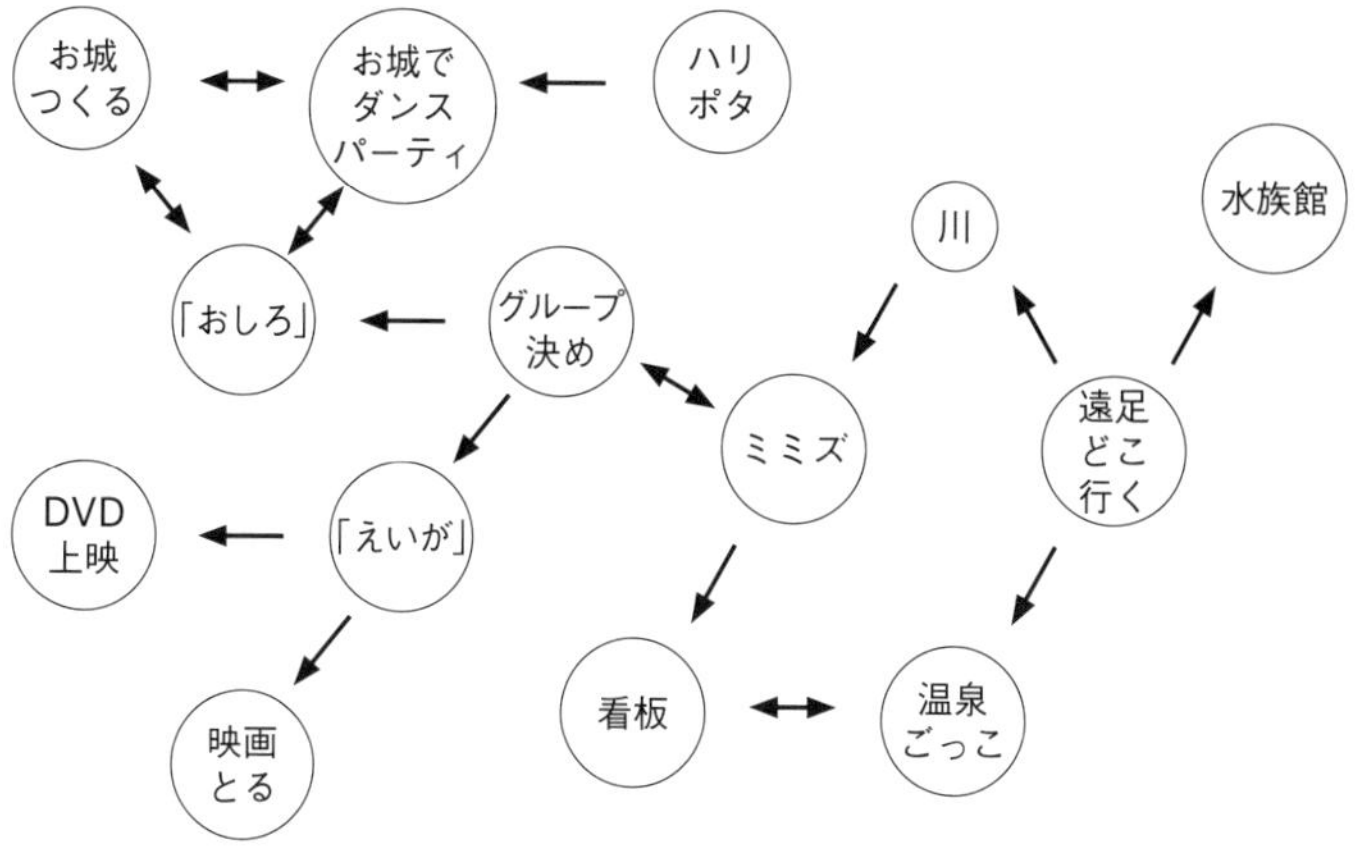

図１−１　コトのポリフォニー

出所：筆者作成。

運動会あけに遠足に行こうと思い、特に保育者側の目当てもなかったので、子どもたちにミーティング（話し合い活動）で聞いてみることにした。

ミーティングで子どもたちから「新横浜で駅員のいないところをこっそり歩く」「水族館」「川」「海」「温泉」などがあがった。温泉が多数意見。しかし、さっちゃん（保育者）が「みんな遊びたくなるでしょ、でも温泉って遊ぶところじゃないからたぶんずっと注意うけてつまらないよ。あたしは行きたくない」という。ほとんどの子が「注意ばっかりうけるなら、やめようかな」と意見を変えるなか、しーちゃん（四歳）はどうしても温泉がいいという。そこで私から「おれたちで温泉やるのどう？」と提案。しーちゃんも同意。それで温泉ごっこをやることになった。

「川がいい」と、ゆうしん（四歳）。「でもとおいからなぁ」と遠慮気味。「どこなの？　遠慮しないで言ってみてよ」と聞くと「中津川渓谷（福島）」

とのこと。「それは……遠いだろう！　鶴見川（近所）にしてくれ」と頼むと、「いいよ」とのこと。どうやら中津川渓谷で釣りをしたのが楽しかったようだ。

遠足先は水族館に決まり、後日みんなで品川水族館に行ってきた。

温泉ごっこは一〇月二八日（ミーティングの次の日）にやることに。細長い晒布（さらし）があったので、それに「ゆ」と書いて、暖簾にした。なおき（五歳）が手紙を書いて、コピーしてみんなに持たせた。「一〇がつ二八にち　おんせんごっこ　もちもの　みずぎ、なければ、ぱんつ」

一〇月二八日は小雨の降る寒い日。風呂場からお湯をホースでひいて、デッキに出したビニールプールへ。五〇度くらいで出してちょうどいい。なおきの手紙のおかげもあり、水着を着てみんな浸かりはじめる。気持ちよくて湯船に浮かんでいる子も。足湯ができたり、ゲームコーナーがほしいとなり、以前つくっていたビー玉コースを持ち出したり、輪投げをつくったり。さっちゃんとゆうしんは自動販売機をつくりはじめる。そんなこんなでわいわい二時間ほど遊んだ。

川に行きたいと言った、ゆうしん。朝来ると部屋の前で百均のつりざお一本持って立っている。「かわ、きょういこうとおもって」とゆうしん。何もないけど、とりあえずバケツだけ持って鶴見川をめざして歩く。餌もないのでミミズを拾っていく。雨上がりの道にはミミズがたくさん出ている。ミミズをバケツに入れながら鶴見川へ。鶴見川には鯉がいた。おおきな鯉だ。ミミズを針につけて投げ入れる。鯉の近くにいくとぱくっとくいつく。ゆうしん、ひく。でも、にげちゃう。もう一度。またくいつく。でもにげちゃう。ミミズをばらまいてみる。鯉がくる。投げる。にげちゃう。くいつく。ひく。くいつきつづける。ひきつづける。糸きれる。ミミズない。帰る。

それでミーティングで相談。そうしたら「ミミズくださいってかんばんをたてればいい」という話に。ちょうどこの時期、看板にはまっていて、まちなかに看板探しに出かけたり、自分たちの保育室の前（保育室の前はすぐ歩道で自転車も行き交う）に、「こどもとびだしちゅうい」という看板も立てていた頃だった。だからこその発案だろう。さっそくつくって置いてみると、近所の小学生たちが通りがかりに見て、次々とミミズを持ってきてくれる。箱に土を入れて出しておくとあっという間に一〇〇匹以上のミミズが集まった。

「おしろでダンスパーティやりたい」。ある朝、とうとつに、ともちゃんが言った。昨日、テレビでハリー・ポッターを見たらしい。そのなかで、お城でダンスパーティをするシーンがあった様子。とりあえず、カラーポリ袋でドレスをつくって、音楽を流して踊る。照明係はなおき。

そろそろ自分たちのグループ名を決めたいというので、ミーティングをした。便宜的に保育者がつけたAグループという記号的なグループ名はあるが、そろそろ自分たちでつけかえてみたらどうだろうか。いろいろ挙がる。おしろ、えいが、にじ、いるか、つばめ、ながれぼし、ひこうき、うみ、などなど。ああだこうだ言い合って、三日くらい過ぎる。ようやく四つに絞り込まれた。おしろ、えいが、よる、ながれぼしの四つ。

「えいがは、まえにみにいったときにこわかったから、えいがってなまえはやだ」と、しーちゃん。「こわくないやつもあるよ」「そうだよ、ウルトラマンのえいがとかね」「じゃあ、それつくってみせてあげる」と、トントンと話が進み、えいがをとることに。ウルトラマンの映画を。

即席で制作して、みんなのまえでヒーローショーめいたものを実演。それを保育者が撮影。しーちゃんも見ている。怪獣めいた保育者が出てきて、牛乳パックを立てただけの街めいたものをなぎたおしていく。ウルトラマンたち（複数）がまちまちの格好であらわれる。赤いカラーポリをかぶったもの、青いカラーポリをかぶったもの、今日は登園が遅かったので着てきたままの服のウルトラマン。

無事に撮影終了し、「ね、こわくないでしょ？」と聞かれたしーちゃん。「こわくないけど、つまらないからヤダ」。

グループ名決めは難航。三日四日と経っていくうちに、みんなだんだん疲れていく。でもあとには引けない。

「ながれぼしはねがいがかなうからぁ」
「でもながれぼし、すぐきえちゃうじゃん」
「おしろはいろんなひとがでたりはいったりして、こんじゃうからさぁだめだとおもう」
「よるは、なまえがみじかいからいいやすいよ」

だんだんなんの話かわからなくなる。

「Bグループ（もう一つのグループ）のひとにじゃんけんをしてもらって、さいごまで勝ったひとにきめてもらう」

「あー、もうおれたちじゃ決められないから？」

「そうしたら、Bグループのひとに棒倒しできめてもらう」

「いいや、おばけがいいよ。グループのなまえをかいた紙をおいておくじゃん、それで夜になるでしょ、そしたらおばけがでてきてさぁ、ちょっとうごかすとおもう。そのうごいたグループのなまえにする」

「ミミズ……ミミズにきめてもらう」

「どうやって」

「ミミズがこうやってくるでじょ（ゆかを這いずる）、ミミズって、からだがべとべとしてるからかみにくっつくとおもう。そのグループの名前にする」

「じゃあ、箱に線を引いて、四つのマスに区切って、それぞれにグループの名前を書いておいてさ、そこにミミズを入れて、ふたをして、しばらくたったらあけてみて、ミミズがどこに動いているかで決めるってのはどう？」

それで活きの良いミミズを選んで、箱に入れた。紙で封をする。

「えいが！」しゅうじがミミズに向かって言う。

「おしろ！」わかちゃんもミミズに向かって言う。

「……あー！　ミミズにお願いしてみたのね。じゃあフタしちゃうよ」

誰の手も届かないところに置いて、帰りの時間になるまで待つ。みんなであつまって、紙の封を開けてみる。ミミズは「おしろ」と書かれたマスに動いていた。
「おれたち、おしろグループね」

それぞれのエピソードはより詳しく書くことも可能ですし、省察やまとめをつけて、意味づけや価値づけをすれば保育実践の記述になるでしょう。今回の試みでは、意味や価値としてまとまることのない断片の群れにとどめ、出来事同士の響き合いは行間から読者が読み取る形になります。しかしこれではぶつぎりにされたエピソード記述にすぎない印象がありますし、この断片の群れを有機的な物語にするには長編小説のような量が必要でしょう。

10 もし私たちがカルデロン・デ・ラ・バルカのように書いたら

出来事同士のポリフォニーを表現するために、出来事を人格化して記述してみたらどうなるでしょうか。こうした書き方はスペイン中世の大劇作家カルデロンが得意とした手法です。カルデロンは抽象的な概念や四大元素にいたるまでを人格化して、互いに対話する劇を書き上げました[*10]。

カ　永劫無限に成すことのできる力である。

知恵　こうなると初めから承知していた知恵だ。
愛　この二者につき従い、こうなることを望んでいた愛だ。
水　すると、力が……
大気　知恵が……
大地　愛が……
火　人格は三つに異なるが……
水　御意志を一つに合わせて……
大気　わたしどもを集めそして仲違いさせるのを……

これにならって保育の出来事を記述してみます。

遠　足　運動会も終わったことだし、時間はたっぷりとある。さて、どこへ行きたいかミーティングで決めようと思う
子ども　新横浜で駅員のいないところをこっそり歩きたい！
子ども　温泉がいい！
子どもたち　温泉いいねぇ、おんせん、おんせん、おっんっせん！

---

*10　カルデロン・デ・ラ・バルカ「人生は夢（聖体神秘劇）」岩根圀和（訳）『スペイン中世・黄金世紀文学選集7　バロック演劇名作集』国書刊行会、一九九四年、二〇五頁。

さっちゃん（保育者） えー、温泉ってさ、遊べないよ。遊んだり走ったりしたら注意されるよ。あたし嫌だな

しおり しーちゃんはぜったいおんせん

ゆうしん 川いきたい。でもとおいからなぁ

青　山 遠慮しないで言っていいよ。どこ行きたいの

ゆうしん なかつがわけいこく（福島県）

青　山 そ……それは遠いよ、鶴見川（近所）でもいい？

ゆうしん いいよ！ こんど、つりざおもってくる

子どもたち引き続き話す。

遠　足 行き先は水族館、温泉はここでやってみることにきまった。さて……

温泉ごっこ さむいさむい日でもお湯を張ればだいじょうぶさ。お風呂がないって？ 夏につかったビニールプールがある。水着？ なおきが言うには、なければパンツでもいいということだよ。さぁさぁ、みんな準備準備

おしろ あのー、私、ともちゃんからお城でダンスパーティをやりたいって言われて。昨日ハリーポッターを見たらしいんです、それでそこでダンスパーティがあったようで

グループ名決め でもそろそろ君たちには名前が必要だよ。いったいいつまで、記号みたいなグループ名で満足しているんだい

おしろ あの、でも、私も……

グループ名決め ええ、ええ、だからあなたはね、その片隅でちまちまとやっていれば……

おしろ　いえ、子どもたちは「おしろ」というグループ名がいいって言うんですよ
えいが　いやいや、勝手に決めないでくれ！　えいがにしたいって言ってる子もいるんですからね
しおり　でもえいがはこわいからいやだよ
よ　る　よるはいいですよ、くらいだけじゃなくて、星も月も光りますから。グループ名は「よる」がいいです。なにしろ短い。「よるっ！」ほら！　すぐ呼べるでしょう
えいが　しーちゃん、しーちゃん、いまからね、映画をとってみせるからね。こわくないからね。映画はウルトラマンです。どうです
しおり　こわくない。けど、つまらないからヤダ
えいが　なんてこと！
子ども　もう、むこうのグループ（Bグループ）で、じゃんけんしてもらって、さいごまでのこったひとにきめてもらう
青　山　あー、自分たちじゃ決められないから？
ゆうくん　それなら、おばけにきめてもらう
ゆうき　ミミズにきめてもらう
ミミズ　ここにいますよここにいます、一〇〇匹一〇〇〇匹、うじゃうじゃと。ゆうしんつりざおもってきた。ミミズを道々ひろってた。川についたら鯉がいた。つりざおたらした、鯉つれない。つりざおたらした、糸きれた。ミミズはどんどんへってった。とうとう、ミミズはなくなった。それで看板たてたとさ、ミミズをください、一匹二匹、ミミズをください一〇匹一〇〇匹。ミミズはどんどんあつまった、どんどんどんどんあつまった、いまじゃみんなで土のなか、いまじゃうじゃうじゃみんなで暮らす。こ

こにいますよここにいます、一〇〇匹一〇〇〇〇匹、うじゃうじゃと。
子どもたちと保育者、箱に線をひいて四マスに分け、そこにグループ名を書いてから、ミミズを入れる。紙の封をする。
しゅうじ　えいが！
わ　か　おしろっ！
ミミズ　……
帰りまで待ってから封を開けるとミミズは「おしろ」と書かれたマスに移動していた。
みんな　あー、おしろだ！
みんな　おしろぐるーぷだね
ミミズ　……

特に幼児の保育においてはポリフォニックなコトの群れに立ち会い、子どもと共にそれに応答しながら、いつしか保育者そのものも一つのコトとして響き合います。「見えてくること」が場への身体の偏在であるならば、ポリフォニックなコトに偏在しながら、その響き合いと共に立ち上がっていく感覚があります。

11
言葉以前の世界を言葉であらわす

自由に書ける可能性をもっているとはいえ、私たちは黙っていることもできるはずです。ではなぜ私たちは黙っていられないのでしょうか。

私たちは子どもに共同注視を促されて、まだ名付けられてもいない、言葉によって分節化されていない空や世界を垣間見ます。それは子どもたちと同様、私たちにとってもある過剰な体験なのではないでしょうか。

過剰な体験をしたとき人は思わずうめいたり、叫んだりします。それをもうすこし組織立って「あらわそう」とするならば、言葉はまず詩や物語として形作られます。言葉の最初の身振りは詩や物語の形をとって、副詞的に、その事柄の全体の「感じ」をあらわそうとします。

ふつう、私たちは言葉を何かを指し示す記号のように思い込んでいます。たとえば、目の前のモノを「コップ」と言うとき、モノと「コップ」という言葉が確かにピッタリ同じであるかのように振る舞っています。「言葉では言いあらわせない」と言うときも、「とてもじゃないけれど、同じようには言葉で再現できない」という嘆きでしょう。ただ記号的に等価交換可能であるためには、言葉は死んでいる必要があります。この未知なるものを「コップ」と呼んで平気でいるためには、そのモノと言葉との関係が定まり動かず、すなわち死んでいるからこそ、安心して何度も使い回せる記号となるのです。

過剰な体験というのはその過剰さゆえに、そのときだけで完結せず、私たちはその時間の感触を何度もなぞろうとします。そして言葉の最初の身振りがいつでも詩であるならば、私たちは言葉の一回性と共にその都度現れるのであって、黙っていられないのはその一回性を生きているからです。その「言葉」は「叫び」に近く、叫んでから初めてありありと私たちにあらわれてくるのだともいえますし、体験が過剰であればあるほど私たちは叫ばずにはいられないのだともいえます。その意味では、私たちは過剰な体験を言葉と共に、事後的に、初めて生きるのです。同時に、そんな「きつい」ことを毎度毎度やってはいられないのではないでしょうか。生きることはきついのであって、だからこそ生き続けるために死んだ記号をせっせと駆使して、世界と自分を分節化し、固定化し、名詞化しているのが私達の日常であるといってもいいでしょう。しかし驚くべきことに子どもは常時一回性を生きています。

保育者は言葉以前の世界を子どもと共に生きています。それはコップが「コップ」として名付けられる前の世界、吹き渡っていくものが「風」と名指される前の世界です。子どもと共に生きたアクチュアリティをあらわそうとすることは「言葉以前の世界を言葉で語る」というアポリアを伴います。

分節化されない世界を言葉で語る方法は大別すると二つあります。一つは、言葉の分節化を受け入れたうえで、たとえば津守のようにその分節化をパラフレーズし、ずらしていくやり方。もう一つは、分節化されない言葉で語ることでしょう。

「子どもをあらわすということ」はいかに書くかという記述の問題であると共に、ほんとうは私たちは子どもとの時間をどのように生きているのか、幼年期とはどのような時間なのかという問いでもあるのです。

第2章

「子ども」をあらわすことと「私」をあらわすこと
――保育における観察と記録の一論点について

川田　学

1　理解と伝達

文章であれ、絵画や写真であれ、子どもについて表現しようとすれば、そこには「対象」たる子どもへの何がしかの「理解」を伴っていると考えられます。その意味では、「子どもをあらわす」ことは、いわゆる「子ども理解」を含んでいます。ただし、「あらわす」ということは、その表現を受け取る相手をも織り込んでいるため、単なる「理解」にはとどまりません。「伝達」というモメント（契機）も範疇に入れて考える必要があるのです。

研究者が子どもについて知り得たことを論文等で「あらわす」場合、観察者である自分自身について「あらわす」ことは、基本的にはありません。もっと言えば、観察者である研究者の個別性（特定の実践的価値観）が表出されているような論文は、審査の過程で指摘を受け、掲載不可となるか、観察者の個別性があらわれないような表現・文体に修正されたうえで掲載されます。近年は〝自己エスノグラフィー〟と呼ばれるような研究者自身を対象とする方法もあるのですが、これは特殊な例であり、その場合もあくまで研究対象として個別性は客観化され、先行研究と結びつけられることによって学術研究として認められます。

一方で、保育者がエピソードや実践記録を書くとき、「書き手」である保育者の個別性は重要な情報になります。なぜなら、その記録は、ある価値に基づいた実践プロセスの一断面であり、その個別性こそが描かれた内容の意味理解を促すからです。本章では、「子どもをあらわす」ことが、「私をあらわす」ことと不即不離であるということを述べ、それがどのような意味で保育という仕事において本質的であるのかについて考えていきます。

2 二つの観察的態度

子どもをつぶさに観察し、書き記すことを累々と行ってきた学問と言えば、発達心理学（児童心理学）をあげることができるでしょう。発達心理学者の「子どもをあらわす」方法と、保育者の「子どもをあらわす」方法には、共通点もありますが、両者の視点を行き来しながら研究を行ってきた筆者には、差異のほうが大きく、より根本的であるように思えます。差異の一つ目は、価値志向性の有無です。保育者は、多かれ少なかれ、意識的にせよ非意識的にせよ、「より善い」と思う方向に子どもを導いていこうとします。差異の二つ目は、生活の共同生成の有無です。保育者は、子どもと一緒に生活することを通して、子どもを知っていこうとします。差異の三つ目は、身体性のありようです。発達心理学者は、一般に視聴覚的に子どもを知ろうとしますが、保育者は全感覚的です。むしろ、皮膚感覚（柔らかさや温度など）や匂いのほうが重要であることも多いでしょう。共食経験も多く、味覚の出番も多いと思います。

ところで、発達心理学には、その黎明期から現在にいたるまで我が子研究とも呼べるジャンルが一定の役割を担ってきました。我が子研究といっても、育児日誌のように親がその時々の親としての思いや願い、喜びや悩みを綴る私的な記録ではなく、あくまでも科学的研究としての一般化を視野に入れたものです。ゆえに、前提として、その子の〝我が子性〟は後景に退くことになります。我が子であるという事実よりも、「満期産・標準体重で生まれた健康な乳児」とか、「生後△か月から□歳まで」といった、研究目的上の客観的基準を満たしていることが重視されます。そこには、発達研究が観察者と対象との関係性や具体的な状況性よりも、種としての生物性のほうを重く見てきた歴史を垣間見ることができます。

とはいえ、我が子研究では前述の三つの差異点において、親でもある研究者には、保育者寄りの特徴があらわれることがあります。日本の発達心理学者で、この問題に最も深く向き合ってきた一人として、麻生武を挙げることができます。我が子研究を通した麻生の観察論の考察は、保育者が「子どもをあらわす」ということの特徴と意味を考えるうえで示唆的です。

麻生は、大学院生時代から我が子を観察対象とした発達研究を行い、数多くの論文や本を書いてきました。一九九〇年に『発達心理学研究』誌に掲載された麻生の論文「〝口〟概念の獲得過程――一乳児の食べさせる行動の研究」[*1]（以下「口概念」）は、筆者に発達研究の醍醐味を教えてくれました。「口概念」は、長男Uの生後一年間の観察記録（B5ノート一七二六頁に及ぶという[*2]）に基づいて、乳児が自己の〝口〟と他者の〝口〟

とを関係づけていくプロセスを四期に分けて分析しています。その内容は、単に観察事実の記述的分析のレベルを超えて、乳児の行動変化の背景に想定される心理学的メカニズムに迫る秀逸な論文でした[*3]。当時、筆者が「口概念」に抱いた興味は、子どもの発達の一般性を追究するまなざしと、観察記録の記述が放つ日常性とが同居しているところにありました。たとえば、以下のような記述です。

観察1（0;4,18）　私たちはいつも風呂あがりにUにヨーグルトを与えていた。この日、F（父である麻生：引用者）が冷蔵庫から出したばかりのまだ封の切っていない容器に入ったままのヨーグルトを布団に寝かされたUの側に持って行き見せてやるや、Uはまるでヨーグルトを与えられるのを期待したかのように、容器を見つめ手をバタバタ動かし、口を尖らせてさかんに動かし始める[*4]。

観察19（0;8,15）　浴室のドアに貼ってあった実物より少し大きめの秋吉久美子のポスターの顔の鼻や口のあたりを手でなで回している[*5]。

「私たち」という観察者＝親の存在、「風呂あがり」の「ヨーグルト」、「浴室のドア」の「秋吉久美子」といった記述は、麻生一家の暮らしを想像させるものであり、読者は、ほかならぬ「U」に固有の生育環境と両親から注がれるまなざしを同時に読み込むことになります。にもかかわらず、単なる事例研究ではなく、「口概念」は「一乳児」から普遍的な発達理論を志向していることは明らかでした。先に発達心理学が関係性・状況性よりも生物性を重視すること、それは我が子研究でも同様であることを指摘しましたが、かの論文はその両面を切り離さずに「発達」を描き出そうとしていたのです。

「口概念」から二〇年ほど経って、麻生は彼の観察論を『「見る」と「書く」との出会い――フィールド観察学入門』[*6]という書物にまとめました。そこでは、長年にわたって日誌的観察を主たる方法としてきた麻生が、自ら行ってきた観察法がどのようなものであるのかについて、大学や附属学校での授業実践を通して対象化し、省察しています。理科教育研究等の議論をふまえながら、明治期に英語の〝observation〟が「観察」と翻訳されたことをめぐって、「観察」は仏教用語の「かんざつ」を由来としており、その意味は森羅万象の「諸法実相」を〝ありのまま〟に見ようとする態度であったと麻生は述べます。しかし、古代ギリシャ哲学を由来とする西洋近代科学の〝observation〟は、現象のありのままを見るのではなく、現象の背後に存在する本質、すなわちイデア（創造主の観念）を見抜く方法的態度を意味するのです。

麻生は、人間と自然を截然と分け、自然を人間の外的事象として客観的に分析しようとする西洋近代科学の〝observation〟を「科学的観察」と呼び、人間（自分）も自然の一部と感じながら、「ものづくし」的にありとあらゆる事象を知ろうとする日本の「観察」を「現象的観察」と呼んで区別しました。もちろん、西

＊1　麻生武「〝口〟概念の獲得過程――乳児の食べさせる行動の研究」『発達心理学研究』第一巻第一号、一九九〇年、二〇－二九頁。
＊2　筆者も長子の育児の際には観察記録をつけることにチャレンジしてみたが、不徹底なものに終わった。観察が生活に飲み込まれてしまった、というところだろう。
＊3　本論文は、一九九一年に第一回日本発達心理学会学会賞（論文賞）を受賞した。
＊4　麻生、前掲書（＊1）、二三頁。
＊5　麻生、前掲書（＊1）、二五頁。
＊6　麻生武『「見る」と「書く」との出会い――フィールド観察学入門』新曜社、二〇〇九年。

洋人なら常に「科学的観察」をしているという意味でも、日本人は「現象的観察」しかできないという意味でもありません。あくまで、我々が何とはなしに「観察」と呼んでいる行為を、方法論的な見地から対置して見せたのです。

3 津守眞の「観察」観

そのうえで、麻生は、日本では研究者も含めて、ほとんど意識しないまま「現象的観察」に比重が置かれていることに着目します。その例として挙げられているのが、津守眞による次のような「観察」の記述です[*7]。麻生の孫引きになりますが、ここでの便宜のため引用します。

われわれは日常生活のなかで偶発的な観察incidental observationをしている。このような日常の観察が基礎となって仮説をおもいつくこともあるし、問題の手がかりがえられる場合も多い。しかしながら、このような観察だけでは科学的な命題をうるには不適当である。科学的な価値をもつ観察法には、二つの特徴がある。すなわち、第一は、現象が生起するままに、主観や偏見をまじえずに注意深く観察すること、第二は観察したことを正確に記録すること、そして分析を容易にすることである。また、科学的観察はたんに観察と記録が正確であるばかりでなく、何を記録するのかということの洞察が必要である。このような洞察をもって、日常生活の自然場面で偶発的な観察をし、それを記録して解釈の材料にするときは、逸話記録になる。逸話記録anecdotal recordは組織的に集積することによって、科学的な資料

にすることもできる。[*8]（…以下略）

この「観察」の説明は、一九五七年発行の『心理学事典』に掲載された一項目です。後継となる二〇一三年の『最新 心理学事典』（同社）には、「観察」という項目はなく、「観察法」のみになっています（津守による執筆ではない）。そこでは、「〇〇法」という形で具体的な研究方法の説明が中心となり、「観察」そのものについての内容は薄くなっています。一九九〇年代以降の他の主要な心理学事典・辞典[*9]でも同様で、「観察」単独での項目はなく、参照した文献ではすべて「観察法」でした。古典的な自然科学的観察法を中心に記述されているものもあれば、フィールドワークや臨床的な研究における参与観察など、観察者自身をも観察対象とするような方法に言及されている例もありました。

しかし、津守による「観察」の説明は、そのどれとも似ていないのです。彼は「観察」の中核に、「偶然的な観察」を置き、その記録としての「逸話記録」にこだわっているように見えます。[*10]それは、心理学の体系性が未発達な時代の記述だからというよりも、そもそも目指している学問が異なることによる方法論的態

＊7　津守眞「観察」『心理学事典』平凡社、一九五七年、一〇三―一〇四頁。
＊8　津守、同前書（＊7）、一〇三頁。
＊9　参照したのは、『発達心理学辞典』（ミネルヴァ書房、一九九五年）、『心理学辞典』（有斐閣、一九九九年）、『発達心理学事典』（丸善、二〇一三年）、『誠信 心理学辞典 新版』（誠信書房、二〇一四年）であった。このうち、『発達心理学事典』における「観察法」の項目は特徴的であり、具体的な研究方法よりも「観察とは何か」に比重が置かれた記述がある。
＊10　麻生武『「見る」と「書く」との出会い――フィールド観察学入門』新曜社、二〇〇九年、一二頁。

度の相違を示唆しているのかもしれません。麻生は、津守の〝我が子研究〟である『自我のめばえ――二〜三歳児を育てる』[*11]の記述を引きながら、津守にとっての逸話記録は、西洋近代科学の枠組みからは外れるものの、「ものづくし」的な観察でもなく、「洞察」を必要とする「ある学問」が志向されていると指摘しています。麻生は、それ以上踏み込んだ津守眞論を展開していないのですが、津守が目指した学問こそ、「保育学」ないし「子ども学」なのでしょう。[*12]

4 観察者にとっての「意味」や「価値」――記述論の契機

倉橋惣三の保育理論を評価し、その系譜を引き継いでいる津守の学問的立場には、現象学が影響を与えています。[*13]一方で、麻生のいう「現象的観察」は、あくまで「現象学的観察」とは異なるというのです。[*14]麻生によれば、現象学的観察とは、「知覚の分野においてゲシュタルト心理学を生み出したようなきわめて特殊な観察」であり、「そこでは、常識やさまざまな予断をカッコにくくって、判断停止（エポケー）し、そのような状態で意識に立ち現れる世界をありのままに記述する」という、相当の「人為的な努力」を必要とする行為です。[*15]

津守の「観察」が、「現象的観察」であるのか「現象学的観察」であるのか、その点について麻生は明言を避けているように思われますが、実際のところ、そこに明らかな線を引くのは困難かもしれません。むしろ、「現象的観察」という態度において麻生が強調する、観察者にとっての観察対象の「意味」や「価値」

を捨象しない（切り捨てない）という点が、津守の「観察」論とも共通するところに目を止めておきたいと思います。

津守は、子ども研究の方法論的転回の書となった『子ども学のはじまり』において、以下のように述べています。[*16]

幼児教育における、あるいは、保育場面における、保育者の子どものわかり方は、保育者が子どもの外に立っていて子どもを対象としてわかろうとするものではない。保育者自身、子どもと同じ地面に立って、相互にかかわりあい、子どもが変化するとともに、自分も変化してゆく。子どもはもはや、保育者にとって知的に知る対象ではなく、共に身体を動かし相互に言葉をかわし、感情を交流し、共に信頼しあい、共に生活を作り上げてゆく相手である。

津守は、保育者が子どもを「対象」と見てはならないと言っているわけではありません。この文章のすぐ後に、「私はここで子どもを対象として知ることは不必要であるといっているのではない。保育者も、保育

＊11　津守真『子どもと教育を考える〈15〉自我のめばえ――二～三歳児を育てる』岩波書店、一九八四。
＊12　津守真『子ども学のはじまり』フレーベル館、一九七九年。
＊13　津守真・津守房江・無藤隆「人間の学としての保育学への希望」『発達』第八八号、ミネルヴァ書房、二〇〇一年、六九－八一頁。
＊14　麻生、前掲書（＊7）。
＊15　麻生、前掲書（＊7）、二八頁。
＊16　津守、前掲書（＊12）、八四頁。

が終わって保育の外に立ったとき、子どもを対象として知ることは保育者自身の視野をひろげ、考えを深めるのに役立つ[*17]」と断っているのです。あくまで、保育場面において身体を交感させて出会い、関わるなかでは、共に生活を作り上げていく者同士であり、一方が観察者で他方が対象であるという関係になっては、保育というものは成立しないのだと述べているのです。

では、津守が述べるような「観察」の内実を、どのように他者に伝えることができるのでしょうか。児童心理学・保育学において、この「伝達」の問題を最初に主題化したのが倉橋惣三である、と筆者は考えています。以下、筆者の先行研究[*18]に基づいて要点を整理してみます。心理学徒であった倉橋は、成人中心かつ機能別の心理学を、「心を横に考える心理学」とし、教育者養成で教えるのは「心を縦に研究する方の心理学でなければならない」としました[*19]。「心を縦に研究する方の心理学」とは、当時の児童心理学であり、現在の発達心理学ということになりますが、当時は「発達（發達）」という考え方に希望を見出していた倉橋も、やがて疑問を抱くようになります[*20]。それは、児童心理学における「学語」が、子どもの「事実」に先んじることへの警戒でした。上述の津守の言葉を借りれば、「保育場面における、保育者の子どものわかり方」を促し、深めるためには、近代科学的な研究によって構築される言葉・概念・理論は妥当ではないと、倉橋は考えたものと思われます。

筆者なりに翻訳するならば、科学的子ども研究による「子ども」の理解と言語化は、身体感覚を研ぎ澄まして子どもと生活を共にしようとする保育者の身体を、むしろこわばらせてしまうということだといえそうです。そこから、倉橋は科学的子ども研究とは異なる方法で、「保育場面における、保育者の子どものわかり方」を一般化して表現する理論を再構築しようとしたのです。それが、『育ての心[*21]』に代表される詩や小

子ども理解の相 ― 保育者への伝達の相

図2－1　子どもの心理学的研究における2つの相

出所：筆者作成。

説のように著された文献群である、というのが筆者の仮説であり、こうした倉橋の方法を「心もちの文体」と呼んでおこうと思います。「心もちの文体」は、しばしば〝通俗的〟で〝情緒的〟なものと見なされる傾向がありますが、より本質的には、科学的子ども研究とは異なる「伝達」の仕方として、倉橋が試みた方法であったと考えるのです。これによって、従来は未分化だった子どもの心理学的研究の枠組みを、「子ども理解の相」と「保育者への伝達の相」に分離したことも、倉橋の学的貢献として小さくないと評価します（図2－1）。

実践の「意味」や「価値」が問題になるとき、「観察者の捉えたことが、はたしてうまく他者に伝わるか否かは、あらかじめ保証されていることではない[*22]」のです。倉橋や津守とは異なる経緯からですが、麻生もまた、現象的観察が「観察」だけでは自足できず、「読み手」への「伝達」、つまり「記述」の在り方を問題にせざるを得ない

＊17　津守、前掲書（＊12）。

＊18　川田学「倉橋惣三の方法と『子ども学のはじまり』――『保育者』が『保育の中の子ども』を理解すること」大泉溥（編）『日本の子ども研究――復刻版解題と原著論文』クレス出版、二〇二二年、一〇九－一六二頁。

＊19　倉橋惣三「教育の基礎としての心理學教授に對する希望」『心理研究』第三巻第六号、一九一三年、七五七頁（翻刻再録　大泉溥（編）『文献選集　教育と保護の心理学　明治大正期　第七巻』クレス出版）。

＊20　倉橋惣三「吾々は幼児を尊重する人でなければならない」『婦人と子ども』第一七巻第二号、一九一七年、七二－七三頁。

＊21　倉橋惣三『育ての心（上）（下）』フレーベル館、二〇〇八年。

＊22　麻生武『「見る」と「書く」との出会い――フィールド観察学入門』新曜社、二〇〇九年、三〇頁。

ところに着眼しています。

ある程度の恒常性をもつ物理的対象に関しては、最初「記述」が及んでいなくとも、後から「観察」し直し、その「記述」を修正することが可能なのである。

ところが、歴史的な時間の中で生成している出来事に関しては、そうはいかない。ある日の夕刻、その「お好み焼き屋」の角を通り過ぎる白い野良犬（N大学キャンパスによくいる）に、初老のおばさんが「あんた、人咬まんよう気をつけや」と声をかけていたことは、私の記憶にある（実は日記に書いてある）が、今となればその出来事を他者に「観察」してもらうことは不可能である。[*23]

このように、現象的観察における記述の問題は、観察対象が外的事象（の背後にある本質＝イデア）ではなく、むしろ観察者の内面にあることから発しています。「『現象的観察』における観察記録文は、観察された『事象』そのものの観察記録ではない。それは『観察者が事象をどのように観察したか』という体験レポートなのである」[*24]と麻生は述べていますが、これは意外なことではありません。保育者が書く事例や実践記録を読むとき、読み手にとってより重要なことは、客観的事実のほうではなく、その保育者がなぜその場面を取り上げたのか、ある子どもの姿をなぜそのように捉え、関わったのかということでしょう。しかしながら、「体験レポート」を書くというのは、そうたやすいことでもないようです。

5 授業実践から

ここで筆者の経験を紹介します。保育士と幼稚園教諭の資格・免許課程の教員をしていた際、実習で印象に残ったエピソードを書くことに苦労する学生の姿が見られました。書き手の学生はそれなりに書けているつもりでも、他の学生（特に実習先が異なる学生）に内容が伝わりにくいということもありました。「事実」を淡々と書いただけでは、内容が平板で、「書き手」の意図が見えてきません。子どもたちそれぞれの背景や個性、関係性、出来事と出来事のつながり、子どもと保育者である学生の身体的位置関係などの空間性といった情報に乏しければ、願いや思いをもって生きている子どもや保育者が織りなす物語性が見えてきません。

こうした「書き手」としての姿の背景には、そもそも「読み手」としての経験不足も想定されました。大学入学後、教科書以外に買ったり借りたりして自分で選んで読んだ本がどのくらいあるかを尋ねてみることがありましたが、三年生以上でも驚くほど少ないのです。たしかに養成校のカリキュラムは過密であり、四年間で複数の資格・免許を取得する学生たちの時間割は、高校と同じくらいしか選択肢がなく、毎日朝から

＊23　麻生、同前書（＊22）、一六五頁。
＊24　麻生、同前書（＊22）、一八九頁。

夕方までびっしりでした。加えて、アルバイトなどをすれば、自由な時間が限られることも想像できます。

しかし、教職や保育の仕事に就く学生が、自ら読書経験を積まないとしたら、職業人になった後、はたしてどのように学んでいくのでしょうか。知識だけでなく、読むことは、自己の文体を形成していくためにも必要なプロセスです。「読み手」としての経験は、「書き手」の意図を想像したり、前後の文脈を能動的に結びつけて物語の輪郭を描き出す機会を得ることにつながります。「すぐれた読み手」が、必ずしも「すぐれた書き手」であるとは限らないとしても、「読む」ことと「書く」ことが全く別の経験とは考えにくいでしょう。

「読み手」としての経験が、「書き手」としての成長にもつながると考えた筆者は、学生たちが普段とは異なる視点から出来事の描写を試みるような課題を考えました。それは、志賀直哉の『小僧の神様』[*25]という短編を読み、この作品の構成を模倣して、再度実習中のエピソードを書き表してみることでした。『小僧の神様』は、一〇頁ほどの短い作品ですが、秤屋の丁稚奉公である仙吉という少年と、貴族院議員Aとの小さな交流を、仙吉からの視点とAからの視点を交互に交差させながら展開していくところにおもしろさがあります[*26]。志賀直哉の筆致をまねて編み直された学生たちのエピソードは、なかにはややドラマチックになりすぎたものもありましたが、いずれも最初に書かれたものよりもはるかにいきいきとしていました。その一例を、部分的に紹介します（なお、子どもの名前のみ変更しています）。

最初に書かれた内容

ある日、A君が一人の男の子に近づいていった。その子は川や海の背景が描いてある絵に、動物の駒を置くおもちゃで遊んでいた。しばらくは二人で遊んでいたが、「A、違う。これはここ‼」と言い最後には「A、じゃまぁ」とA君を見ずにボソッと言った。A君はおもちゃで遊ぶのをやめ、無表情でその場に立ち、それから私の元に来た。

『小僧の神様』を読んだ後に書かれた内容

三月のはじめともなると、時々寒い風が吹くが暖かい日差しも感じられた。そんな頃の三歳児クラスでは、ほとんどの子が四歳になっていて、友だちとのルール遊びを楽しむなど、友だちの存在が大きくなりつつある。アムは三歳児クラスで一、二番目に遅く生まれた。みんなより体が小さく、走る様子はたどたどしい。今日も、長い髪のきれいなお母さんと手をつないでやってきた。

「じゃあ〜ねぇ、アム。たくさん遊んで待っててね。ママお仕事頑張ってくるから」

＊25　志賀直哉『小僧の神様　他十篇』岩波書店、二〇〇二年。

＊26　なお、この作品が物語のパースペクティブ性（視点）について重要な含意があることについては、発達心理学者の浜田寿美男氏から示唆を得た。浜田寿美男『「私」とは何か——ことばと身体の出会い』講談社、一九九九年。

「バイバイ」

お母さんに手を振りつつ、「いまから、なにしてあそぼう」と、アムの頭の中は遊びのことでいっぱいである。周りを見渡すと、カルタで遊んでいる子、折り紙をしている子、かくれんぼをしている子とみな様々である。ふと目にとまったのは、先生と一緒に人形で遊んでいる子だ。近くで見てみると、新しい人形の服があった。どうやら、先生が作ったようだ。「せんせいがつくったのか、すごいなぁ」と思いつつ自分も輪に入ろうと思い近づいたが、やめた。アムは人形よりも、隣の男の子がしている遊びに興味を持った。

＊　＊　＊

隣の子はカイトである。いつもドラゴンボールの服を着て、飛行機の遊具で遊ぶのが好きである。カイトは真剣であった。「きりんは、みずうみの近くではなくて、はらっぱではしっている」と動物たちの特性を考えている。カイトが遊んでいるおもちゃは、湖や草原などの背景が描いてある板に、様々な動物のコマを置いていくものだ。「このどうぶつはどこに置こう」と考えているとき、隣にひょっこりアムが現れた。カイトは、アムの存在を認めつつも、自分の世界を保っている。ふとアムが手を伸ばし、動物のコマを取ろうとした。「ちょっと、いまはぼくがやっているのに……」と思いつつも、自分の遊びを続けた。アムは次々に動物のコマを置いていく。しかし、カイトは「まって、そのどうぶつははらっぱじゃない、みずうみだ」「ちがう、ちがう」「ちゃんとおいてよ」と、アムが動物のコマを置いていくたびに、頭の中がいっぱいになってきた。そしてついに、

「アム、じゃまぁ」

とロから出た。「だって、アムがわるいんだから。ちゃんとしないから」と思った。「ぼくはちゃんとしてるもん」ともやもやした気持ちを持ちつつ遊び続けた。

＊　＊　＊

アムは、カイトの隣にそっと近づいた。よく見ると動物のコマを置いていくおもちゃのようだ。「おもしろそう」と思いながら様子をうかがい、思い切って動物のコマに手を伸ばした。「これはカバだな。う～ん、カバをどこにおこう。そうだ、はらっぱではしらそう」。そう思い原っぱにカバを置いた。アムは楽しくなって次々に動物のコマを置いていく。ライオンはのどが渇いているから湖の近くに、鳥は一休みしたいから岩場にと……。「じゃあ、サルは……」とコマを置こうとした時、

「アム、じゃまぁ」

という声が聞こえた。「えっ、じゃまって、なに?」。カイトが言ったとは思えないが、カイトの方から聞こえた。

アムはその言葉の意味を何となく知っているが、感覚的なもので、こうだと言葉にして伝えられるほど大人ではなかった。だから、自分が「じゃま」と言われてもどうしたら良いのか分からない。アムは手を止め、頭を空にし、そこに立ち尽くした。しばらくして、アムの右側からB先生が歩いてきた。アムはB先生の方へ走っていった。

授業の際は、志賀直哉を模倣することに加えて、読み手が登場人物の心情や状況を想像するためには、感情に関わる語彙（うれしそう、怒っている等）や形容詞・形容動詞を多用するよりも、環境描写や経緯・伏線の客観的事実を意識したほうがよいことも伝えていました。短編を読んだ後の記述の冒頭にある「三月のはじめともなると」「三歳児クラスでは、ほとんどの子が四歳になっていて」「一、二番目に遅く生まれた」という内容は、園児たちを取り巻く空気感や関係性、その後のアムの行動や心情の意味を理解しやすくしていると思われます。

このような文章表現の選択は、単に作文としての側面にとどまらないでしょう。なぜなら、実際に保育者が子どもたちの状況を捉えていく際にも、こうした情報が有用であり、意識的か非意識的かにかかわらず状況判断の資源になっていると思われるからです。

6 「私」のパースペクティブ性

鳥瞰的にではなく、登場人物の視点（パースペクティブ）から出来事を描くことは、保育学生の多くにとって簡単なことではありません。それに、保育者の書く記録が、必ずしも『小僧の神様』のようであったらよいと言いたいのでもないのです。重要なことは、出来事の意味や物語性が、複数のパースペクティブが関わりあってこそ「読み手」に見えてくるという条件です。もし、子どもや出来事を見ている「私」（保育者）のパースペクティブ性があらわれていない記録であれば、読み手の読み方はよりどころなく宙に漂うでしょう。そのような場合、書かれている子どもの姿も、読み手には輪郭のぼやけたものに見えるはずです。

しばしば、事例検討のための報告の後に、断片的でつながりのない質問が途切れ途切れに出てしまうことがあります。そのようなときは、参加者が報告のなかに〝ひっかかり〟を感じることができなかった場合が多いのではないでしょうか。書き手のパースペクティブ性が弱いため、どこに〝問い〟があるのか見えにくいのです。『小僧の神様』の授業実践は、学生たちの視点をあえて揺らしてみることを通して、「私」の視点が存在することの自覚を促そうとするものでした。

7　発達の見かた、発達のあらわしかた

保育には、子どもの心身の成長を助長するという意図が含まれています。こうした「発達援助」の側面は、何を人間の「善き」状態、「善き」変化と考えるかによって内実は変わってくるものの、ある程度普遍性をもつ実践の価値といえるでしょう。そして、どのような側面を「発達」とするにせよ、何かを「観察」し、「記述」することによって、「伝達」されていきます。

「口概念」の麻生は、発達心理学の既存概念に頼らずに、自身の目で徹底的に観察した我が子のエピソードから独自の研究を重ねてきました。初期の研究成果である『身ぶりからことばへ――赤ちゃんにみる私たちの起源』で、麻生は次のように自身の立場と研究目的を記しています。[*27]

本書の立場は、従来の心理学や発達心理学の立場とは異なった地点にある。それは、探求の対象が〝子ども〟ではなく〝私たち〟であるということからも少しは理解していただけるように思う。本書で探求する謎は大きく分類して二つある。一つは、私たちはいつ頃から自分と他者を似た身体をもつ存在として認識し始めたのだろうかという問いであり、もう一つは、私たちはいつ頃から〝知覚された対象世界〟を自分だけにではなく他者にも開示された世界であると認識するようになったのかという問いである。

いわば、人間（ヒト）になってしまった〝私たち〟、大人になってしまった〝私たち〟が、忘れてしまった認識世界の発生・形成の道のりを、既成の概念に縛られずにつぶさにたどることが麻生の試みであったと考えられます。このような試みは、「発生論的還元[*28]」とも呼ばれる研究態度と相通じます。

発達研究は、それまで理解されていなかった子どもの行動の背景を体系的に調べることを通して、行動の背後に仮定される心理学的構成概念（実体ではなく、あくまで仮象）を構築します。それにより、子どもを見る新たな枠組み（窓）ができるのです。しかし、それがくりかえされ蓄積されることにより、やがてその見方以外は存在しないかのような錯覚にとらわれてしまうこともあります。倉橋が「学語」から「事実」を見ることの弊を恐れたことは先に述べました。こうした発達心理学の問題性を指摘してきた浜田寿美男は、このメカニズムを「逆行的構成」と呼んでいます[*29]。

逆行的構成の構図は、浜田によれば、発達研究だけでなく冤罪事件における供述にも共通します。もともと、「順行」的に（発生的に）形成されてきたプロセスを、読み解こうとする者が抱く予断や期待から構成しようとしたとき、そこに虚構の物語が生成してしまうことがあります。虚構の物語（供述調書に記述された冤罪に結びつく内容）は、捜査員個人の〝悪意ある捏造〟というよりも、コミュニケーションを通して半ば非意図的に作られてしまうことにより、〝発生的〟に事実を再構成することが阻まれるのです。

保育において「子どもの発達をあらわそう」とするとき、しばしば既成の発達表に実在する子どもの姿をあてはめて、「はやい」「おそい」を問題にしてしまうことがあります。あるいは、より深く発達理論を学んだ保育者は、発達の順序性や機能の連関性に着目して、子どもの姿を言いあらわすかもしれません。筆者は、こうした子どもの概念的理解が無意味とは思いませんが、あくまで子ども理解の一様式であることを自覚する必要があると考えます。発達の概念的理解は、子どもを関係性や状況と独立した実体と見なすことによって成立する側面があるのです。それは、子どもを外的対象として、自分から切り離して理解する際には有用なこともありますが、身体感覚を伴って生活を共に作り出している渦中には適当とはいえません。

これに対して、津守が追求した「発達の見かた」は、保育の過程に大人も子どもも巻き込まれていることを前提としたものでした。[*30] 津守は、保育の過程での「発達の見かた」として、次の四つの条件を挙げています。[*31]

＊27　麻生武『身ぶりからことばへ――赤ちゃんにみる私たちの起源』新曜社、一九九二年、四頁。
＊28　浜田寿美男（編著）『「私」というもののなりたち――自我形成論のこころみ』ミネルヴァ書房、一九九二年。
＊29　浜田寿美男『私と他者と語りの世界――精神の生態学へ向けて』ミネルヴァ書房、二〇〇九年。
＊30　津守眞「発達の見かた」『幼児の教育』第七一巻第一一号、一九七二年、七〇－七二頁。
＊31　津守（一九七二）では、六つの節に分けて記述されているが、ここでは「発達の見かた」に関わる条件として、筆者が四つに整理した。

①直接知覚できる行動のみならず、子どもの内面の表現を重視すること。
②自分も子どもと共に動きながら感じとられることを重視すること。
③偶然起こることを重視すること。
④子どもにふれることによって、大人がそこに共通性を感じたり、自分の幼少期をふり返ったりすることを重視すること。

ここでは、③と④について取り上げたいと思います。③の視点が、彼の観察観の特徴であることについては先にふれました。津守は、この点を以下のように記しています。

生きた人間と出会うことは、思いもよらないことに出会うことである。予測どおりにいかず、計画のように運ばず、怒り、悲しみ、喜ぶのは、自分も生きており、他人も生きていることの証拠である。意外であり、偶然とみえることがらに、深い意味がかくされていることが多い。生きた人間の発達には、偶然が大きな要素である。それをどう受けとるか、そこに何を発見するかが、人間の課題である。[*32]

発達表による予測や保育計画の通りになる場合よりも、むしろ偶然起こった出来事を保育者が「どう受けとるか、そこに何を発見するか」が、「発達の見かた」の一条件であるとはどういうことなのでしょうか。この点が、④についての津守の記述と深く関わっていると思われます。

ありの穴の中には、ご殿があり、食堂もあって、世界の真中にまでつながっているといってありの穴に枝をつっこむ子ども、くもは糸一本だけで島にいけるのもいるんだよ、といってくもの巣に見入る子ども、など——子どもは、ありの穴、くもの巣を通して、他の世界への入口を見ている。おとなは目に見たものだけしか信用しない、だからだんだん世界観が貧弱になる。子どもの見方に教えられて、ありの穴、くもの巣の意味を考えることができ、忘れた世界をとりもどすことができるのである。[*33]

『子ども学のはじまり』のなかに「幼児と靴」という一節があります。シンデレラごっこをする幼児たちと関わりながら、津守は子どもにとって「くつ」には何か特別な意味があるのではないかと考えます。津守の思考は自分自身の靴をめぐるエピソードに展開したり、室内では靴を脱ぐ日本文化ゆえに子どもにとって特別な意味を帯びるという〝靴文化論〟にまで広がっていきながら、目の前の幼児たちの姿の意味を捉えようとしている文章です。「発達の見かた」には、子どもとの関わりを通して、大人になってしまった自分自身の幼少期が呼び覚まされ、子どもとのあいだに共通性を見出していくモメント（契機）が不可欠なものとして組み込まれているのです。

いま、③を偶然性、④を共通性と呼ぶとすれば、偶然性と共通性は、観察者である保育者自身のパースペクティブを抜きに成立しえない条件です。子どもの発達を発生的にあらわそうとしたとき、それは単に「子どもの視点」から考えるだけでなく、子どもと関わる自分自身の視点、つまり「私」のパースペクティブ性

＊32　津守、前掲書（＊30）、七一頁。
＊33　津守、前掲書（＊30）、七一頁。

がどこにどうあらわれているのかが問われているということでしょう。

8 「子ども理解」を超えて

この三〇年ほど、「子ども理解」や「幼児理解」の重要性がかつてないほど喧伝されています。そのなかで、学生も保育者も、「子どもの視点」に立つことが求められています。しかし、保育者である「私」の視点から独立して、「子どもの視点」そのものが見えてくるということはありません。もし、「私」を抜きに「子ども」だけをあらわそうとすれば、既存の発達表や到達目標から子どもが評価され、保育の成果が個人化されてしまいます。評価を良く見せたいと考えてしまうと、発生的な視点が乏しくなり、つじつま合わせの逆行的構成の落とし穴が口を開きます。良きにつけ悪しきにつけ、「私」は何らかの尺度をもっているし、もち合わせた経験にも限界があります。ゆえに、他者の経験とも相互に「伝達」可能な記録の在り方が、保育における観察と記録の一論点となるのでしょう。

第3章　乳児から見た世界をあらわす

溝口義朗

1　あらわすということへの屁理屈

「子ども」とは、「大人」に対して記述し、明確にすることで生み出されたものであり、すでに、そこには真実の子どもも、大人もいなくなっているように思います。子どもとはこういうもので、大人とはこういうものだと、区分することで、なんとなくの言説が作り出される。そこに、発達心理学だの教育学だのの、科学的な知見という考え方でこの言説を裏づけする。その知見は一方では正しい。けれども一方では間違っている。子どもたちと過ごしていると、日々、その間違いを感じてならないのです。なぜならば、その科学的な知見、そして言説は、目の前に居る子どもたちと大きなずれがあるからです。動的な真の子どもの姿を目の当たりにしない日常が、現代です。子どもはすでに装置に絡め込まれてしまっている。学校だの、保育所だの幼稚園だの、子育て支援という制度だのに。そこではすでに、子どもはこういうものだという静的な科学と言説が支配している。そして、大人とはこういうものだという言説に向かい、大人になれと育てられていく。だから、一方の子どもの真実は捉えられなくなっている。まさに、一方的。

もちろん、いつの時代もそうであったのだと思います。ただ、今は、そこに真の動的な子どもの姿はない。実際に、街に出ても、群れて遊ぶ子どもの姿はどこにもないのです。言説を語る大人のそばに、子どもはいないのです。だから、真の子どもなくしての子どもが語られ、真の子どもなくしての子どもが表されている時代であると思います。

動的とは、その時々に変化している捉えようのない様を表しています。その捉えようのない子どもたちと日々過ごす私たちは、固定した考えをもち得ません。静的に固定することができないからです。だから、子どもを表すということは、私には到底無理なことです。表す行為をする私自身が動的に動いているからです。仮に文章で記述したところで、そのときの思いは瞬時に書き表せたとしても、すでに書き表し終わったところで、動的に私の考えは変わってしまっている。

言葉を口にしないでいるときは（万物の差別がまだあらわれないで、）すべてが斉しい（真実の世界だ）。すべてが斉しいのにそれを説明しようとして言葉を口にするとすべては斉しくなくなり、言葉を口にしてそれを斉しくしようとするといよいよ斉しくなくなってしまう。そこで、「ものを言いながら何も言わない。」ということがいわれるのである。[*1]

荘子の言うように、ものを言いながら何も言わないでいたいものだと私は日々思います。けれども私は、ものを語り言葉によって区分し固定化させる毎日を繰り返しています。区分とは分別すること。そして分別を伴って私にとってそのものの意味を意味づけし、そのものと私との関係をもって、私を存立させています。分別されたものは言葉によって固定化され、他者との共通の概念として言説化されていきます。

赤ちゃんの世界は、まさに「ものを言いながら何も言わない」であり、同時に「もの言わないでものを言う」のであると思われます。言葉にして情動を伝えないだけではなく、生まれた赤ちゃんは、世界を分別してはいないからです。自分自身の存在さえも分別していない。だから、私はいない。将来、束となり私となる感覚のみが、今、ここに存在し世界を感じている。だから、分別しない世界はすべて斉しい。この自他未分な状況から、そのうち自己で自他を区分し世界を認識していくことを「乳児から見た世界」として次節から、記述していきたいと思います。ただし、記述は無理なのです。荘子は、「意味がわかったなら言葉は忘れてしまってよい」とも語ります。この章は、読みながらも忘れてしまうような章でありたいとも思っています。

2　「わたし」がいるということ

川に飛び込み川に流れ、存分に遊んだそのあとに、今度は、子どもたちは釣りをし始めました。一本しか釣竿はありませんから、一番得意な子が釣竿を持って、その周りに数人が集まって、じっとウキを見つめて

＊1　金谷治（訳注）『荘子　第四冊［雑篇］』岩波書店、一九八三年、三九頁。

います。石をひっくり返して捕まえた川虫を餌にして、釣り糸を垂らしています。まったく、釣れません。

空には、大きな入道雲がわきあがっています。蝉の声は一斉に鳴いては止み、そしてまた一斉に鳴き、そのリズムを繰り返しています。川はせせらぎ、風が川面を吹き抜けていきます。夏の日。子どもも大人も、蝉も雲も、風も大きな青い空も、みんな一つの塊になっています。そこは主体も客体もない。

四季折々の環境に包まれて、毎日を子どもたちと暮らすそのことを、私たちは保育と呼んでいます。暮らしの中で、もちろん私たち保育者は、子どもと対峙するときに「わたし」と「あなた」になります。子どもたちからも保育者の存在は「わたし」と「あなた」になります。釣りをしている「わたる」と、保育者の「よっちゃん」のように。けれども、それはいつもみんなの中にあります。「わたる」の横には「みわ」がいます。「みわ」の横には「ふうこ」もいます。釣りをしている場所から少し離れた所には、バケツを持って沢蟹を捕まえている「そら」と「けんいち」がいます。その先には、幾人かが保育者の「まなちゃん」と一緒に、水をかけあって歓声をあげている。

だから「わたし」であれ「あなた」であれ、最初から私もあなたも含んだ「みんな」の中にあるのです。そこで行われている行為は、釣りであれ、沢蟹とりであれ、遊びであれ生活であれ、いやそもそも生活だとか遊びだとかと区分されるべき問題ではなく、すべてはいつも「みんな」と共にあるのです。場は、見える範囲、聞こえる範囲、匂う範囲など、五感を通じて共有されています。いえ、共有されている関係が、場なのだと思われます。

かく見れば、主観・客観の区別、従ってそれ自身単独にに存立する「我々」と「寒気」との区別は一つの誤解である。寒さを感ずるとき、我々自身はすでに外気の寒冷のもとに宿っている。我々自身が寒さにかかわるということは、我々自身が寒さの中へ出ているということにほかならぬのである。[*2]

川につかって遊ぶのも、川面に釣り糸を垂らすのも、すべては夏のこの環境の中にある。そのことを和辻は「宿っている」と記しているように思います。「わたしたち」は外気の中に宿ることで「わたしたち」自身にその感覚が生じてしまっている。「寒い」と。そしてその感覚をもとに、「わたし」は行為をしている。コートを着るだろうか、手をこすり合わせるだろうか。「わたし」は暑いので、川に入ったように。

そうなると、個々の「わたし」の行為は、外気、言い換えるならば私を含む環境の中にあるのだから、「わたし」の行為は最初から「みんな」と共にあるはずです。乳児であろうが、子どもであろうが、大人であろうが、私たちは他者が存在しない限り生存はできない。だから、個々の行為であっても、個々の行為ではない。すでにみんなに影響をされている行為だからです。個々の行為でありながら、その行為はみんなによって最初から限定されている。決められている。

川で釣りをする私たちは、この夏の気候に限定され、釣れても釣れなくても、意志も結果も結局は、最初から環境に限定されている。空にも雲にも蝉にも魚にも。そして「わたし」の周りの「みんな」からも限定されている。限定される行為によって「今」を作り上げているのです。そして「今」は、すでに「過去」となり記憶となり、その記憶は先を予測させ、「未来」を表象させる。関係をしている環境、すなわち場所によっ

＊2　和辻哲郎『風土――人間学的考察』岩波書店、一九七九年、一二頁。

て「今」、「過去」、「未来」の「わたし」を中心とする時間の概念が生まれていきます。この時間の概念が「わたし」を作り上げているのではないかと。

荘子は「宇」を時間とし、「宙」を場所とします。あわせて宇宙ですね。環境は場であり宙であり、そこで生まれる今、過去、未来が時間です。それが宇宙です。

存分に川につかって遊んだので、疲れて腹が減ってきました。誰ともなく、川から上がれば、帰り支度を始めます。園に帰って昼ご飯です。今日は何だろう。子どもも、大人も、昼ご飯を食べている「わたし」を表象しながら、帰路につくのです。帰り支度をしているときには、いや、支度をする前から、すでに帰り始めているのです。

3 切り分けること――乳児から見た世界をあらわす

生まれた赤ちゃんは、たぶん、自他未分です。「わたし」はいない。釈迦は誕生のときに「天上天下唯我独尊」と言ったとなっていますが、まさに生まれた赤ちゃんは、この境地なのだと思われます。「わたし」がいないということはすなわち「わたししかいない」ということです。見えるもの、聞こえるもの、匂うもの、そのすべてが「わたし」であり、「わたし」という認識もないのですから「わたしではない」わけです。

そして、正確に言うならば、見えるもの、聞こえるもの、匂うもの、味わうもの、さわりさわられるものの、分別でさえない。

近年の赤ちゃん研究では、その知覚世界は相互に無関係な感覚の寄せ集めではないことを見いだしてきました。見たり、触れたり、聞いたりするものを、赤ちゃんは分離したバラバラなものとして知覚しているわけではありません。赤ちゃんは、異なる感覚間で情報を共有しあうシステムを生まれつきもっているのです。[*3]

赤ちゃんのような、一つひとつに分離した感覚でないことを「マルティモーダル」と呼んでいます。一方、視覚や聴覚とするような個々に分離した感覚を「ユニモーダル」と呼んでいます。身体という受容器から受けるすべての感覚は、統合されそれぞれの感覚に分別されます。その分別を感覚統合というようですが、赤ちゃんは感覚統合していません。だから、身体に受ける感覚、すなわち環境の情報はマルティモーダルに受容されているわけです。リンゴは、赤くて丸くてつるつるで、いい匂いで、甘い、という感覚が分離されずに同時に起こっているということでしょうか。もちろん、赤も、丸も、つるつるも、良いも悪いもないそのものの香りも、言語化されていませんから、身体全体で感じる感覚。だから言語以前の感覚ですから「はにょへほほほ、む」のような「感じ」そのもので理解しているのだと思われます。リンゴは、はにょへほほほ、む、です。

今は自他未分であっても、将来、赤ちゃんは「わたし」を意識するようになります。自我の誕生です。将来、「わたし」になることには、耳や目のような環境の信号を「受容する身体」と、手や口唇のような受容

＊3　大藪泰『赤ちゃんの心理学』日本評論社、二〇一三年、五八頁。

した感覚で起こる情動を行為に変換する「行為する身体」が必要になると思われます。そして、「受容する身体」がマルティモーダルから出発していることは、とても重要なことだと思えます。なぜならば、全体的な一、塊《かたまり》を分別していくことが可能になるからです。分別するためには、最初に分別されていないことが必要です。当たり前のことですが、最初から分別されていたならば、分別する必要がないからです。

このように、共鳴動作は、自分と他人が未分化なままに混淆し、融け合い、情動的に一体化したような関係でおこっている。[*4]

あおいちゃんは、コロナの始まった春、生後三か月で私たちの園に入園しました。両親ともに日曜日にも仕事がありましたから、日曜日も園に預かることにしました。日曜日は職場に連れて行こうと両親は考えていましたが、さまざまな方の出入りのある職場でしたから、コロナ感染を予防するために保育所のほうがよいだろうということで、日曜日、祝日に園を開けることを私たち保育所の職員みんなで決めました。園と職場が近いので、職場のお昼休みに、お母さんは毎日授乳に訪れました。

家庭と、そして私たち保育所の関わりの中で、あおいちゃんは毎日を暮らし、すくすくと育っていきます。保育所の関わりとは、保育者だけではありません。定員三一名の小さな保育所ですから、保育者も調理の職員もみんなが子どもと関わります。どの職員も、抱っこし、おんぶし、散歩に出かけ、みんなが可愛がって、関わって育ちます。大人や子ども、職種で分かれるものではありません。みんなです。

保育所は、保護者が登園時も降園時も園の中にいます。仕事に行かないときには、一日中、園の中で過ごす保護者もいます。だから、あおいちゃんに関わる大人たちは園の職員だけではありません。園の保護者たちにも大事に育てられているのです。みんなです。

異年齢で過ごすことは、暮らしの中では当然です。同年齢の集団は意図的に作らない限り、自然界には存在しません。ですから、あおいちゃんのお世話は、私たち大人だけではなく、いろいろな年齢の子どもたちもします。お世話というよりも、赤ちゃんの周りには、いつでもみんなが寄ってくるのです。寄ってきた結果、お世話をします。

園には、小学校へ通う学童の子も、小学校へ通わない不登校の子もいます。だから、小学校就学前の子どもたちの関わりだけでなく、もう少し大きな子どもたちもいます。一〇歳ぐらいの女の子たちは、赤ちゃんのお世話が好きなだけでなく上手です。授乳もおんぶも、おむつを替えることだって、保育者よりも上手いくらいです。いつくしむ。技術ではない心。この頃は、世話をすることの最初の臨界期のようにも思えます。

保育所の中はさまざまなもの（者、物）があります。そこにあるものは、暮らすための道具であり、その道具を使う一緒に暮らしている人です。保育でいう、物的環境と人的環境ですね。

台所からは調理の「なべさん」が、まないたをたたく音がします。お味噌汁のだしの香りもしてきます。だしをとる前には、「シュッ、シュッ」と鰹節を削る音がしていました。食卓では何人かの子どもたちがお茶を飲んでいます。「カチャン」と、お茶碗のぶつかる音と、話し声が聞こえてきます。玄関のほうからは、「おはよう」と挨拶が聞こえます。登園してくる保護者が、先に登園している子どもたちに挨拶をしている声です。和室では将棋の駒で山崩しをしているようです。将棋の駒を箱に入れて「バラバラバラ」と振っている

＊4　岡本夏木『子どもとことば』岩波書店、一九八二年、二七頁。

音がします。そして、私のほうに向かってくる誰かの「ペタペタペタ」という足音が聞こえます。

初夏の朝の光が窓からさしてきます。風も窓から吹いてきます。窓の外では「チッチッチ」とシジュウカラが地鳴きしています。小さな園庭の大きなクルミの木に、巣をかけているからです。クルミの木は、十数年も前に、散歩で子どもたちが河原から拾ってきた木の枝を地面に差したところ、そのうち根を張って大きな木になっていました。そこに、シジュウカラは巣をかけるのです。このクルミの木は、夏の終わりにクルミの実をたくさんつけ、落とします。クルミはおやつのクッキーに使ったり、殻のまま、ままごと道具になったりします。

こんな環境に宿り、マルティモーダルにこの環境を感じながら、あおいちゃんは私の腕の中に抱っこされています。時折、あおいちゃんに向けて「あおいちゃん、あおいちゃん、おりこうさんのあおいちゃん」とへんてこな節のへんてこな歌で歌いかけます。へんてこな歌は、いつくしむ中で腹の中から勝手に出てくる歌です。私のへんてこな歌に、その声に応えるように、あおいちゃんも「あぁーああ」と声をあげています。応答です。この応答が、「わたし」と「あなた」のリズムをつくり、リズムは「わたし」と「あなた」の調節を生んでいきます。そして、あおいちゃんの「あぁーああ」もきっと、腹の中から生まれてきた音だと思います。それを言葉というのだと思います。

あおいちゃんの言葉はいつしか、「あぁーああ」から「アンパンマン」に変わっていきます。一歳六か月のころです。もちろん、「アンパンマン」だけではありません。窓の外を見て「あめ」だとか、不明瞭ですが「おかあさん」だとか、「ごはん食べる」と聞けば「うん」だとか、その状況に合わせた言葉と会話をするようになりました。

- 「それ」と「あれ」
- 「アンパンマン」と「しょくぱんまん」
- 「わたし」と「わたしでない」

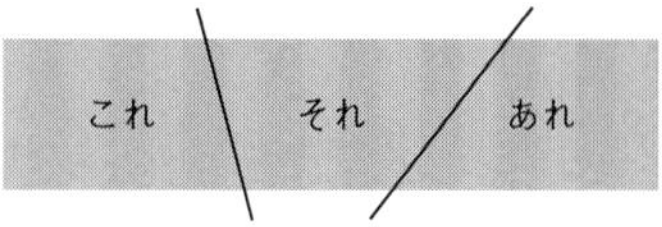

図3－1　切り分けること

出所：筆者作成。

「アンパンマン」に戻って考えてみます。「アンパンマン」ができると、同時に「しょくぱんまん」も生まれます。なぜならば、「アンパンマン」がわかるということは同時に、アンパンマンではないものがわかるということです。そのアンパンマンでないものを、周りにいるみんなは「しょくぱんまん」と呼んでいます。だから、あおいちゃんも「しょくぱんまん」と言い始めます。もっとも、言いにくいのか、あおいちゃんは「パンマン」と呼んでいます。

「それ」ができると同時に「あれ」もできる。町田（二〇〇四）によると、言語学者のフェルディナン・ド・ソシュールは次のように記します。

単語が表す意味は、混沌とした思想の全体を切り分けた一つの部分だという説明があります。[*5]

あおいちゃんは、自他未分であった頃の「わたし」も「あなた」もいない状況を切り分けることで、「わたし」を作り、同時に「あなた」も作り上げる。同じように「わたし」の身体を取り囲む環境を切り分け始める。「それ」と「これ」に切り分けられ、「それ」はいつも周りにいる身近な他者から「アンパンマン」になり、同時にできた「これ」は「しょくぱんまん」になる。このまさに、切り分けているという感覚こそが「わたし」がいることであり主観であり、「わたし」は身体を伴うことで、主体となるように思います（図3－1）。

＊5　町田健『ソシュールと言語学――コトバはなぜ通じるのか』講談社、二〇〇四年、二七頁。

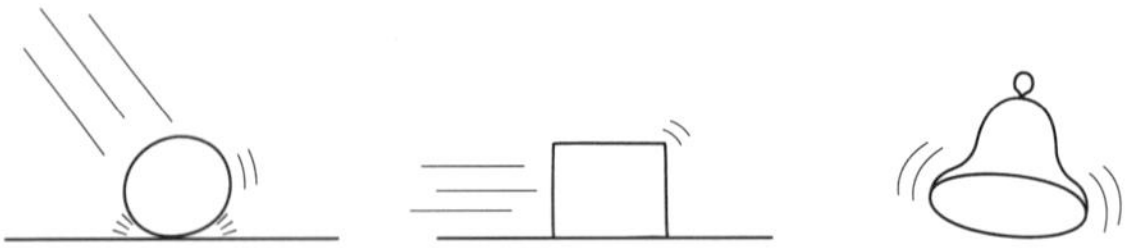

図３−２　３つのおもな物理現象

注：(a) ぶつかる、(b) すべる、(c) 鳴る。それぞれ、人間の言語の破裂音、摩擦音、共鳴音に不思議なほど似ている。
出所：マーク・チャンギージー（2020）、p. 66。

あおいちゃんの言葉は、一気に増えます。まるで、つぼみが数分で大輪の花に開ききるようです。段階を生じながら、少しずつ増加はしません。一気に増えるのです。それは言葉にする対象を「わたし」ができる以前から、「わたし」としてすでに知っていたからです。自他未分だったからです。そこに、言語としての名称がくっついただけです。

言語としての名称の前に、実はその性質については知っていた。知っていたというよりも、そのものに身体で付き合っていた。鰹節を削る「シュッ、シュッ」という音も、だしの香りも、「ガチャン」と鳴る茶碗の音も、そこで暮らすものを視覚で感じ、聴覚で感じ、嗅覚で感じ、それを分離せずにマルティモーダルに感じていた。「わたし」を切り分けたように、その一つ一つを、その性質によって切り分けたのです。

この性質は、物理的法則に支配されています。茶碗はぶつければ鳴ります。将棋の山崩しは、指で駒を滑らせれば「スー」と滑り、崩れて重力に従って「バラバラバラ」と盤に落ちます。ですから、あおいちゃんの切り分けは、物理的法則に従っているのです。丸ければ転がるし、落ちれば割れる。言語が増えるということは、そのまま、物理的法則を知るということです。リンゴは食べられる。転がる。落ちる。

理論神経科学者のマーク・チャンギージーは次のように記します。自然界の基本的な音素は〝ぶつかる〟〝すべる〟〝鳴る〟の三つといえる、と（図3－2参照）。ぶつかる、すべる、鳴る。音素ですから、言語のみならず、音楽もすべてこの三つに集約されることになります。自然界における音を伴う物理的現象はこの三つに集約できるからです。「言語や音楽は自然界を模倣している」とチャンギージーは記します。[*6]

あおいちゃんだけでなく、すべての人々は赤ちゃんでした。ですから、自他未分であった。そのときに、切り分けないままに一つの塊として環境を感じ、その後、切り分けることで分別する。その分別は、ぶつかる、すべる、鳴るという三つの音を伴う物理的法則をもとにしている。私たちが「わたし」と「あなた」の固体を超え、言語によって同じことを表象できるのは、この物理的法則が同じであるからではないでしょうか。リンゴという文字と音は、「わたし」も「あなた」もほぼ同じ物を表象できる。別人にもかかわらず。

4 「わたし」ができる

朝、みんなで集まって「打ち合せ」なるものをします。今日はどこに行こうか、お昼ご飯はなんだろうか、そもそも、だれがお休みだろうかなどを、みんなで集まって話します。大人も子どもも集まりますが、すで

＊6　Changizi, M. (2011). *Harnessed: How Language and Music Mimicked Nature and Transformed Ape to Man.* BenBella Books.（マーク・チャンギージー、中山宥（訳）『〈脳と文明〉の暗号——言語と音楽、驚異の起源』早川書房、二〇二〇年）。

にいろんな所で遊んでいるので、園の居間のような所のソファーの前に集まるのですが、半分ぐらいの子どもたちは、集まってきません。それでも、いいのです。

ほんの一〇分ほどの短い時間ですが、散歩の行き先や献立に興味のある子どもたちは、参加して聞いています。大人たちも、体調の悪い子や昼食のアレルギーの確認など、重要な情報を交換しますから、そこに集まってきます。一歳七か月のかんなちゃんも、大人の膝の中に座り、打ち合わせに参加しています。

お休みや体調、与薬や降園時間の確認をするために、それぞれの子どもの名前を呼びます。そこに参加している子どもであれば「はーい」とか「いるよ」とか、それぞれに答えます。参加していない子どもたちは、もちろん返事なんかしません。いや、参加していないのだからできません。それで、いいのです。そんな中、一歳七か月になった、かんなちゃんも名前が呼ばれると「はい」と言って手を挙げています。

かんなちゃんは、もう少し小さいとき、自分の名前が呼ばれても手など挙げませんでした。また、誰の名前が呼ばれても、「はーい」と言って手を挙げている時期もありました。それがいつしか、自分の名前を呼ばれると手を挙げるようになりました。自他未分の「わたし」がいないことから、自他区分して「わたし」がいることに気がついたように見えます。

この頃のかんなちゃんは、園のままごとのコーナーで衣装を着替え、青いドレスを身に着けて、園中を歩きまわっています。『アナと雪の女王』です。けれどもアナやエルサになっている風でなく、そのドレスを着ること自体がしたいように見えます。アナやエルサになる自分を表象して演じているのではなく、ただただ、そのドレスを着たい。ドレスを身にまとい、時折、鏡をのぞき込んでいます。

鏡に映った「自分」に手を伸ばしながら、「あの子の顔を見て」というようにお母さんのほうを振り返る子がいます。そんな場面を題材にした面白い絵を、子どもの鏡像研究で有名な研究者の一人であるザゾ（Zazzo, R.）が紹介しています。この絵の男の子は、「鏡に映った子」が「自分」だとはまだわかっていません。自分がすることを真似する「知らない男の子」がいると感じているようです。一歳以前の赤ちゃんの鏡像体験はこうしたものだろうと考えられています。

やがて、鏡に映った「自分」を見ながら、自分の顔に向けて指さしをしたり、ぬられた口紅のところをさわって確認しようとしたりする子が出てきます。また、鏡を見たとたんに、恥ずかしそうに顔を手でおおい、「いやー」と言いながら鏡の前から逃げだそうとする子もいます。

このように、人の子どもでは、生後二年目の中ごろになると、鏡のほうではなく自分自身の顔に向けて指さしをしたり、鏡を見ると自分を意識して恥ずかしそうにしたりするようになります。[*7]

鏡がわかるようになること、いわゆる、鏡像認識です。どうやら、一歳前は認識ができない。しかし、その後、認識するようになる。かんなちゃんの行為を見るに、この時期、かんなちゃんの場合は一歳七か月ですが、ドレスを着て鏡をのぞき込んでいる事実から、そこに写る姿は紛れもなく「わたし」であることを知っており、だから衣装を着た「わたし」を普段とは違う「わたし」として確認しているように見えます。そうでなければ、わざわざ衣装を着た後で鏡をのぞき込むことはしないでしょう。

前述のザゾの紹介をもとに著者の大藪は、知らない子を鏡の中に見つけたときに子どもは「『あの子の顔

＊7　大藪、前掲書（＊3）、八六－八七頁。

を見て』というようにお母さんのほうを振り返る」と記します。一つの疑問がわきます。鏡の中の「わたし」は認識できていないのにもかかわらず、「お母さん」は認識できている。これだと「お母さん」の認識が先で「わたし」の認識は後だということになります。

実際に赤ちゃんたちは、鏡の自分がわかるようになるもっともっと以前から、赤ちゃんの周りにいる他者の目や表情を注視します。一般的に、私と他者が注視し合う関係を二項関係、私と他者と、私と他者が一緒に見たであろうもの（者、物）を交えて注視し合う関係を三項関係と呼んでいます。三項関係においては、一緒に注視したもの（者、物）に対して、私は他者がどう感じているのかを、他者の目や表情から感じているといいます。社会的参照というようです。

ザゾをもとにした大藪の記述は、お母さんを参照したことには間違いはありません。ただし、参照先はお母さんでなくてもよいのです。いつも周りにいるみんなを参照するからです。一緒に注視（共同注視）することは、そこに関係する人がいなければ成立しません。だから、いつも周りにいるみんなが「わたし」の行為に影響している。「わたし」の行為は最初から「みんな」に影響を受けているわけです。「わたし」は「みんな」なくして成立はしないのです。

この「みんな」を、かんなちゃんは切り分けました。切り分けられることで、お母さんが生まれ、同時にお父さんも、おばあちゃんもおじいちゃんも「わたし」によって生み出されるのです。生み出すことで「わたし」という主体を感じます。

切り分ける以前は、一つでした。塊です。だからこの塊の属性は、「わたし」にとっては「わたし」と同じ性質のものです。「わたし」をも含む一つの塊だからです。

「わたし」が「あなた」の動作を模倣することを、「共鳴動作」と言い換えたうえで、岡本は次のように記します。

このように、共鳴動作は、自分と他人が未分化なまま混淆し、融け合い、情動的に一体化したような関係でおこっている。[*8]

この共鳴動作は、未分化なままに混淆するのです。まさに、「わたし」と「あなた」はもともと一つの塊であり混じり合っていることの表れです。さらに岡本は次のようにも記します。

このように、共鳴動作はそれぞれが生理的欲求の満足ということから離れて、刺激と一体化すること自体に動機づけられ、人がその刺激としての役割をもっとも果しやすい点、しかも相手の人自身もその動作交換のなかに思わずひきこまれざるをえないような魅力をもっている点、そこにコミュニケーションの基盤にふさわしい性質を深く宿している行動といえるだろう。[*9]

腹が減ったのでおっぱいがほしい。それに対して、授乳をする人がお母さんではなく、環境の中で「わたし」と「あなた」が混淆し一体化され、動作の交換をすることの相手が切り分けられたときに、それは「お母さん」になり「保育者」になる。コミュニケーションは、「わたし」と「あなた」の動作の交換ではある

*8　岡本、前掲書（＊4）、二七頁。
*9　岡本、前掲書（＊4）、二八頁。

ものの、「わたし」と「あなた」は一体化しようとしている。

面白いことに、保育所の暮らしの中で、たとえば先述した三か月で入所したあおいちゃんのように、月齢の低い頃の入所は母親から離れるときに泣くことはありません。もちろん寝ぐずったり、慣れない哺乳瓶での授乳にぐずったりして、そうして泣くことはありますが、登園時の離れ際に泣くことはありません。産院で出産後の赤ちゃんが、母親から離れベビーベッドの中で泣いていないことと同じです。

そのあおいちゃんも今は二歳七か月になりました。この頃になって、登園し母親と離れるときに「おかあさんがいいの」と言って泣き、保育者に甘え、しばらくを抱っこで過ごします。保育者に体をぴったりとくっつけて、体重をすべて保育者に乗せ、まさに「わたし」と「あなた」を一体化させて「私の気持ち、わかるでしょ」というような具合です。そして、一〇分もしないうちに自分から抱っこをやめ、遊んでいるみんなの中に入っていきます。

「あおいちゃん、朝、泣いてたじゃん」などと、夕方あたりにわざと話しかけると「泣いてないよぉ」と、こちらもわざとふざけ顔でごまかしてみたり、「〝おかあさ〜ん〟って、泣いてたよね」と、そのときの自分を振り返って話したりもします。

当然、あおいちゃんは、今は「わたし」がいるわけです。でも、その前は違っていた。だから、全体的一、身近な環境の塊を、切り分けすることで「わたし」と「あなた」を認識し、朝の「わたし」というように、表象し俯瞰するようになったのだと思われるのです。

5 りんちゃんの「なつかしい」――記憶とわたし

あおいちゃんが一一か月の頃、おもちゃで遊ぶ様子（手に持ってはおもちゃを口に持っていき舐める）を見ながら、四歳八か月のりんちゃんが、私に向かって話しました。「なつかしいねぇ」。私は質問します。「なつかしいってどんな感じ」と。りんちゃんは答えます。「んん、ん」。言葉が詰まった後、少し間をあけてから「すばらしいって感じかな」と答えました。

りんちゃんが、自分が赤ちゃんであった頃の過去を、あおいちゃんに重ねていることは事実のようです。しかし、具体的な出来事の記憶に重ねるというよりも、あおいちゃんのような、赤ちゃんであった時期が自分にもあったという推測に基づく「なつかしい」のように思えます。なぜならば「なつかしい」を、りんちゃんは自分の赤ちゃんの頃と重ねたのですけれど、過去の具体的な出来事に重ねたわけではないからです。目の前のあおいちゃんのように、おもちゃを手に持って舐めた感覚をもとにした記憶を語るのであれば、「なつかしいってどんな感じ」の答えは、経験をした記憶を語るに違いない。「おもちゃを舐めたよ、苦かった」だとか「おんなじおもちゃがあったよ」などの答えになるはずです。でもりんちゃんの答えは違った。間があって、考えたうえで「すばらしい」と答えたのは、「すばらしい」は「なつかしい」と同じく、具体的な記憶ではなく、生じてくる感覚であるからだと思います。

記憶は、「わたし」の存在が明確に意識されるようにならなければ生じないのではないでしょうか。ですから、記憶がないということは「わたし」が「わたし」であることを意識できていないこと。四歳八か月のりんちゃんは、「わたし」が「わたし」であることをとうに意識しています。それは、暮らしの中でも、遊びの中でも明確です。「わたしがやるね」だとか、「わたしの帽子」だとか「わたし」を主人公にして話すからです。しかし、「わたし」が「わたし」ではなかった頃のことは、わからない。「わたし」が存在しないので、記憶を描くことができません。

りんちゃんに限らず、多くの子どもたちは、赤ちゃんのころの記憶を話してはくれません。まれに「おなかの中は暗かった」と言うようなこともありますが、「暗い」という概念も、出生時の視力は〇・〇二ほどだそうですから、視覚で見たものを記憶するとも思えません。後天的に獲得した情報によって、「おなかの中は暗かった」と言うのだと思われます。実際に、赤ちゃんの頃の記憶を聞けば聞くほど、子どもたちはわからないようで、大抵いらいらし「わかんないものはわからん」と言います。

人間という特殊な生物の社会生活では、自己が「わたし」であるという歴史的個別性についての意識が圧倒的な重要性を持っていて、一般の生物種たちと共有している二重主体性、つまり個別主体と集団主体との複合は、この特殊人間的な対他的自己意識の下に完全に埋没しています。しかしそれは意識下に埋没しているだけで、そのはたらきが消滅したわけでも、弱まってしまったわけでもありません。[*10]

木村が書く歴史的個別性とは、過去と未来が現在の中に取り入れられることで、わたし個人の一回性、唯一性、交換不能性が確立する自己認識のことです。「わたし」は、昨日も私であり、だから明日も私である。今、過去、未来が連続し、私は全宇宙の中のただ唯一の存在であり、私は他者との交換ができない。この認識が

「わたし」を作っているとの考えです。

そうなると、やはり、記憶がないということは過去が表象できないということですから「わたし」は今につながらない。だから、赤ちゃんは「わたし」が存在しないということになります。木村はさらに続けます。「自己認識は個別の『わたし』を作りだすが、実際には他者を含む環境そのものとの同一である主体が根底にある。ただし、その主体は、『わたし』という自己認識によって埋没されている」というのです。[*11]

木村は、人間の意識の深層には、あるいは身体的現実においては、多種の生物たちとの共通点をそっくり残しているはずだと唱えます。人間を含む生物たちは、生命を保持するために、身体の「知覚」と「運動」を動員し、その「知覚」と「運動」とで起こる環境との境目を「わたし」としているように思えるのです。木村は身体の「知覚」と「運動」による環境との接触を、哲学者ヴィグトーア・フォン・ヴァイツゼカーの言葉を引いて「即相」と呼んでいます。

6　子どもたちの時間

夏の暑い日、園の近くの森の中に出かけました。森の中は涼しい。沢に入って遊びます。

*10　木村敏『からだ・こころ・生命』講談社、二〇一五年、四九頁。
*11　木村、同前書（＊10）。

けんちゃんと、まっすんは、粘土をずっと掘っています。沢が削った山肌の地層の、その粘土層を、手を突っ込んで掘っています。砂礫と砂礫に挟まれた粘土層を、試行錯誤しながら掘っていきます。四〇分ほど、ずっと掘っています。この四〇分、ずっと集中しているのだからたいしたものです。けれどもそれは正確な記述ではありません。四〇分間ではなく、一秒一秒がずっと連続しているだけなのです。だから、今そのときの瞬時の関心が、四〇分の間、起こっていると言ったほうが正しいと思えます。「知覚」と「運動」が、身体で環境に接触している。暑い夏の涼しい森の中で、沢の流れる音を聞きながら、熱心に手を動かしています。腕についた白っぽい泥は、すでに乾きパリパリになっています。指先が痛くなると、枝や尖った岩を見つけては、それを道具にしてまた掘っていきます。

このことを教育とする必要があるのでしょうか。この粘土堀りのような行為は、少なくとも、PDCA（計画、実行、評価、改善）に基づいて行うことは不可能です。なぜならば、その瞬時の関心は、前もって作ることも評価反省することも、不可能だからです。環境に身体が接触する「即相」において起こるからです。今そのものを計画することも評価することも、だれにもできるわけがない。

本当は、子どもたちも大人たちも、この粘土堀りのように、今そのときの瞬時を生きているだけです。それなのに乳幼児の教育は、作為にあふれていじくり回されている。子どもの声を聞き、記号に残すことも、写真や動画を撮り分析的に保育を語ることも、本当はいらないと思うのです。今そのものを、一緒に過ごしていく心ある環境がそこにあれば、それだけでいいのではないかと思うのです。子どもは未来のためにも生きていません。大人の描く社会を背負おうとも思っていません。今そのものを、集中して生きている。子どもの声を代弁するならば、「ほっといてくれ」と言うのだと思います。

第4章

感覚が湧き出ちゃうし、収まっちゃうときの主体性
――保育者と語る中動態と主体性

久保健太

1 中動態と主体性

いま、我が子たちの登園を終えて、この原稿を書き始めています。今は、二〇二二年六月二九日の朝。驚くくらいの早さで梅雨が明けてしまいました。朝から真夏のように暑い日です。扇風機を回しながら、この原稿を書き始めています。

今月もいくつかの園で園内研修をしました。そのうちの三つは「主体性って何だ?」というタイトルでの研修でした。このタイトルでの研修が重なったことは偶然ではないと思います。主体性という言葉は「子どもの主体性」とか「主体的な学び」というように保育の世界でよく使われる言葉ですが、「主体性って何ですか?」と聞かれると、スッキリと答えることが難しい。だから、多くの方が「主体性って何だ?」ということを改めて学びたくなるのでしょう。

その背景には、「中動態」という言葉で表現される世界観や人間観が注目されてきたという事情もあるように思います。この原稿も「中動態と乳児」というテーマで書いてほしいという依頼を受けて書いています。やはり、「中動態」なのです。

中動態について、ごく簡単に説明しておきます。[*1] 日本語には「(場を) 盛り上げる」という動詞と、「(場が) 盛り上がる」という動詞があります。このうち、「盛り上げる」が能動態に、「盛り上がる」が中動態にあたる動詞です。「盛り上げる」という能動態は「自分 (たち) がその出来事を起こした」という仕方で、出来事を記す書き方です。そこには、人間の意志や責任が、その出来事に働いているという世界観 (人間観) があります。一方、「盛り上がる」という中動態は「自分 (たち) にその出来事が起きた」という仕方で、出来事を記す書き方です。そこには、人間の意志や責任を超えた力が、その出来事に働いているという世界観 (人間観) があります。

中動態の世界観が注目を集める理由は、とても、よくわかります。なぜなら、遊びも保育も「盛り上げる」より「盛り上がる」のほうが、充実したものになることが多いから。それは研究だって、飲み会だって、演奏だって同じで、意志的に「盛り上げた」ものよりも、意志を超えた力によって「盛り上がった」もののほうが充実したものになることが多いのです。

困りました。

なぜなら、主体性は「自分の中にある様々な感覚をまとめて、そこから、〝するかしないか〟を意志的に選び、行動に移すこと」だと、これまで考えられてきたからです。[*2] ですので、主体性のこれまでの考え方では「気がついたら、いつの間にか、自分の意志の働きを超えて盛り上がっちゃったこと」を主体性の働きとして捉えることができないのです。

しかし、保育者の方々と語り合っていると、そんな困りごとは吹き飛んでしまいます。というのも、保育者の方々は「意志の働きを超えて盛り上がっちゃったこと」も主体性の一種だと直感的にわかっているからです。たとえば、横浜の園での研修で出てきた「事例1[*3]」のエピソード（次頁参照）。

特に最後の一文。「暑さの中で心地よさを求めた結果、泥んこ滑り台に行きついた2人の姿に主体性を感じた」という文章。

いいですね。とてもいい。

やはり、保育者はわかっています。最初から「泥んこ滑り台」を意志的に（能動的に）目指したのではなく、気がついたら、いつの間にか（中動態的に）「泥んこ滑り台」に行きついちゃったことも主体性であるということを。

＊1　詳しくは、久保健太『生命と学びの哲学』北大路書房、二〇二四年の第5章を参照ください。また、國分功一郎・熊谷晋一郎『〈責任〉の生成——中動態と当事者研究』新曜社、二〇二〇年、九九頁や、木村敏「自己の『実像』と『虚像』」『あいだと生命——臨床哲学論文集』創元社、二〇一四年所収（初出は二〇一〇年）、一五〇頁も参照ください。

＊2　「まとめ」るという主体の働きについては、小林敏明『〈主体〉のゆくえ——日本近代思想史への一視角』講談社、二〇一〇年の、二八−三二頁において検討されるイマニュエル・カントの「subjekt」概念（超越論的主観性と呼ばれるもの）を参照ください。本章では、「まとめ」るという働き以外に、「選び、行動に移す」ことも主体性の働きに加えました。これは、廣松渉ほか（編）『岩波　哲学・思想事典』岩波書店、一九九八年の七四四頁における「『主体性』とは、認識や行為の主体であり、またそれらに責任をとる態度のあること」という叙述を踏まえています。さらには「責任」とセットにされている「意志」の働きが「選ぶ」ことだとされてきた点も加味しています（國分功一郎『中動態の世界——意志と責任の考古学』医学書院、二〇一七年、二五頁など）。以上から「様々な感覚をまとめて、自分の意志を選び、行動に移すこと」という定義ができあがります。

事例1

泥んこ滑り台に行きついた二人

ある日の集まりの時、「ただいまー！」と満足気に帰ってきたIくんとAくん。手には泥んこになった服を持っていた。
園庭にいた保育者に聞いてみると、「2人で嬉しそうに泥んこ滑り台始めてたよ」と教えてくれました。
暑さの中で心地よさを求めた結果泥んこ滑り台に行きついた2人の強い主体性を感じた。

心強いことに、このような中動態的な主体性のあり方を「新しい主体性」として考えようとした哲学者がいます。ジル・ドゥルーズという哲学者です。ドゥルーズは『フーコー』という本の中で「新しい主体性の生産」という言葉を使い、それがどのようなものであるかを示してくれました。[*4]

本章では、「子どもたちの主体性を感じた場面」として保育者が挙げてくれた事例を手がかりに、主体性について考えます。その際、ドゥルーズが示した主体性の考え方をヒントにします。また、エリク・H・エリクソン、津守眞といった方々の思想も手がかりにします。

＊3　「実践者（保育者）の手書きのドキュメンテーション」を「事例」と呼ぶことについて、私の思いを記しておきます。保育者と研究者が協力して研究するとき、「保育者が実践し、研究者が分析する」という分業体制が生まれてしまいがちです。私は「実践者（保育者）と研究者が一緒になって記述する」ということができないものか、という思いから、様々な試みを行ってきました（全国私立保育連盟から委託された研究の成果報告書を連盟のホームページからご覧いただけますので、興味のある方は、ぜひ、ご覧ください）。
本章では、「実践者の手書きのドキュメンテーション（本章中の事例1、3）」と「実践者と研究者が協力して書いた文章（本章中の事例2）」を同等に扱っています。本来であれば、前者を「ドキュメンテーション」、後者を「事例」と呼び分けたりするのが作法なのだと思いますが、本章では、その作法を意図的に破っています。そうして、「実践者が自ら書く研究」「実践者と研究者が一緒に書く研究」の可能性を探っています。本章は、その試行錯誤の成果でもあります。幸いなことに、周囲の仲間たちは、私のこの試みを好意的に受け止めてくれていますので、それに甘えて、本章では、すべてひっくるめて「事例」と呼んでいます。まだまだ手探りの状態ですが、「実践者が自ら書くこと」と「読者にとって読み易いものになること」を研究として両立するために、読者みなさまの忌憚ないご意見をいただきたく、お願い申し上げる次第です。

＊4　ジル・ドゥルーズ、宇野邦一（訳）『フーコー』河出書房新社、二〇〇七年、二一七頁。

2 ①奥行き、②センス・オブ・ワンダー、③センス、④試行錯誤のグルグルスパイラル

暑さの中で、心地よさを求めた結果、気がついたら、いつの間にか（中動態的に）「泥んこ滑り台」に行きついちゃったとき、そこでは、何が起きているのでしょうか。

そこで起きているのは「①奥行き、②センス・オブ・ワンダー、③センス、④試行錯誤のグルグルスパイラル」とでも言うべきものです。次の事例2は、その様子を、よく伝えてくれています。これも、横浜での園内研修で出てきた事例です。

事例2　水と子どもたち

夏のように暑い五月のある日。バケツを挟むようにして水で遊んでいたAくんとBちゃん（どちらも一歳児）。二人は水に手をやり「きもちぃー」とうれしそうにしている。そのうち、Aくんがスコップを水に当てる。しばらくキラキラさせていると、スコップがバケツの中に落ちた。それを拾おうとしたとき、蛇口からの水で、Aくんの帽子が濡れた。それを弾みにAくんは帽子を脱いで、頭から水をかぶった。Aくんは気持ちよさそうに頭を上げる（写真4－1）。

しばらくすると、テラス前のトロ船に水が張られた。すると、ここにもAくんがやって来た。Aくんは

迷うことなくトロ船に入った。Ａくんはバシャバシャと楽しそうにしている。すると、Ａくんに引っ張られるように、他の一歳児たちもトロ船に入った（写真４－２）。挙句の果てに、五歳児たちまでトロ船に入った（写真４－３）。子どもたちの姿に主体性を感じた。

写真４－１　水と子どもたち１

写真４－２　水と子どもたち２

写真４－３　水と子どもたち３

以上が事例です。この事例もいいですね。今日が暑い日だからか、読んでいるだけで爽快に感じます。私も、水の中に入りたくなってきます。おそらく、この日も、相当に暑い日だったのでしょう。

奥行き

さて、こんな他愛もない、どこにでもある日常の中に、世界についての重要な真理が隠されているように思います。[*5] それは、私たちを取り巻く出来事は、やはり、そのほとんどが、私たちが（能動態的に）「起こした」と言うよりも、なかば偶然に（中動態的に）「起きてしまった」ものであるということ。Aくんのスコップは、私たちが「落とした」のではなく、私たちの前で「落ちた」わけだし、Aくんの帽子は、誰かが「濡らした」のではなく、ちょっとした弾みで「濡れた」のです。

そして、そうした偶然の力によって、私たちは、水の心地よさと出会うことができるということ。Aくんのスコップが落ちなかったら、さらにはAくんの帽子が濡れなかったら、手を濡らすだけで終わってしまっていたかもしれない水との出会い（それでも十分ですが）。偶然の力を借りることで出会うことができた、さらなる水の心地よさ。言い換えれば、水が秘めていた、その「奥行き」。

人間の歴史を見れば、人間は自然のもつ奥行きに生かされてきたことがわかります。[*6] なかでも水のもつ奥行きは多くの恵みを人間に与えてくれました。喉をうるおす飲料水として、稲を育ててくれる農業用水として、多くの恵みを人間に与えてくれました。奈良や京都にお寺や神社を立てることができたのも淀川の水運によって木材や石を運ぶことができたからです。牛や馬でも運ぶことができない木材や石は、輸送手段としての水の力を借りて運びました。そうして人間は、水のもつ奥行きに生かされてきました。

水がもつ、こうした奥行きは、子どもにも大きな恵みをもたらしてくれます。スコップを当てて、そこにしぶきが跳ねれば、キラキラ光るプリズムになり、頭ごとかぶれば、ジャバジャバ爽快なシャワーになり、体ごと浸れば、ザバンザバンとプールになる。しかも、それらの側面がめくるめく登場するだけでなく、同時に現われもする。そうして立ち現れる多面体（多様体）としての世界を、奥行きという言葉で言い表そうとしたのがドゥルーズと矢野智司です。ここでは、矢野の文章を引用します。[*7]

遊びのなかでの土の塊は、いまや土ではなく、団子である。しかし、やはり、それは団子ではなく土でもあるのだ。それまでのプレーンな「現実」だったものが、垂直の次元を得ることによって、むくむくと立体化していく。それは奥行きをもったものとして、立ち現われるのだ。奥行きをもった世界は、奥行きをもった心を生み出す。

（…中略…）

固定したコンテクストに閉ざされることなく、また複数のコンテクストに直面しても、混乱することもなく、子どもは遊びをとおして、複数のコンテクストを自由に軽やかに横断することによって、世界の奥行きを垣間みることになる。土ではなく団子、団子ではなく土、土でもあり団子でもある、この世界の奥行きからさまざまな意味が生まれてくるのだ。

＊5　ここからの叙述は、久保健太「世界の『奥行き』に触れる」『真宗』二月号、二〇二二年、四五頁（久保、前掲書（＊1）のまくら1）をもとにしています。

＊6　ここからの叙述は、久保健太「自然の奥行きを感じるからだ」『子どもの文化』九月号、二〇一四年をもとにしています。

＊7　矢野智司『意味が躍動する生とは何か――遊ぶ子どもの人間学』世織書房、二〇〇六年、四七－四八頁（傍点は筆者による）。矢野智司『贈与と交換の教育学――漱石、賢治と純粋贈与のレッスン』東京大学出版会、二〇〇八年、一二五頁も参考になります。なお、ドゥルーズも『意味の論理学』の中で「奥行（profondeur）」という言葉を用いますが、それは「自分には見えていないが存在すると信じうるもの」という意味で用いられています（ジル・ドゥルーズ、小泉義之（訳）『意味の論理学（下）』河出書房新社、二〇〇七年、一三三頁（Deleuze, G. (1969). *Logique du Sens*. Les Éditions de Minuit, p. 355）、國分功一郎「類似的他者」檜垣立哉・小泉義之・合田正人（編）『ドゥルーズの21世紀』河出書房新社、二〇一九年、一四六頁）。

センス――その人にとっての世界の意味、感覚的な意味

水が、その奥行きを繰り広げるとき、水はキラキラとプリズムになり、ジャバジャバとシャワーになり、ザブンザブンとプールになります。それは「その人にとっての、その場所、その瞬間での水の意味」とでも言うべきものです。

教育哲学では「その人にとっての、その場所、その瞬間での、事物の意味」を「センス（感覚的な意味）」と呼びます。この言葉づかいも『意味の論理学』という本におけるドゥルーズの言葉づかいを引き継いだものです。[*8] 世界の奥行きが繰り広げられるとき、そこでは様々なセンスが生まれます。生まれます、というより、生まれちゃいます。事例2のAくんがスコップの角度を変えるたびに、しぶきは姿を変え、Aくんの中には「すごい！　プリズムみたい！」とか「すごい！　シャワーみたい！」とかいうようなセンスが生まれちゃいます。

センス・オブ・ワンダー――奥行きに感応しちゃう驚き心

しかし、世界の奥行きと人間が出会えば、自動的にセンスが生まれちゃうわけではありません。そこには世界の奥行きに感じて応じる「センス・オブ・ワンダー（驚き心）」が必要です。[*9]

水が繰り広げる奥行きに「すごい！」と感じ、応じてしまうからこそ、そこから「すごい！　プリズムみたい！」とか「すごい！　シャワーみたい！」とか「すごい！　プールみたい！」といったような「その人にとっての、その場所、その瞬間での水の意味（センス）」が生まれてきます。

生まれちゃったセンスに導かれるようにして、「こうしたら、どうなるんだろう？　もっとキラキラする

のかな?」という具合に、スコップの角度を変えてみる。そうすると、そこに跳ねる水が、少し姿を変える。さっきとはちょっと違うキラキラが、目の前に繰り広げられる。もう一度、そのキラキラを見たくなって、ちょっとずつ角度を変える。そうして何度も何度も、スコップの角度を変えてみる。その都度、世界は新たな奥行きを繰り広げる。

世界が奥行きを繰り広げるものだから、センス・オブ・ワンダーが感応しちゃって、そこから新たなセンスが生まれちゃって、そのセンスに導かれるように試行錯誤を重ねる。そうすると、さらなる奥行きが繰り広げられて……という具合に「①奥行き、②センス・オブ・ワンダー、③センス、④試行錯誤のグルグルスパイラル」が繰り返されていきます。そのうち、気がついたら、いつの間にか、帽子も脱いで、体ごと水に浸かってしまっている。これが、気がついたら、いつの間にか（中動態的に）「泥んこ滑り台」に行きついちゃった場面（事例１）で起きていたことであり、トロ船に入っちゃった子どもたち（事例２）で起きていたことです。

＊8　センスについては久保、前掲書（＊１）の第4章、第5章、及び「まくら１」も参照ください。
＊9　大田堯「私の学力論（上）The Sense of Wonder（感応力）を大事に」『わが子は中学生』七月号、一九九二年、一四－一五頁。
大田堯「子育てから人間の心の危機を考える」柴田義松（編）『現代の教育危機と総合人間学』学文社、二〇〇六年、八三頁。
大田堯（対談：柴田光太郎）「自ら変わる子どもをとりまく大人の責任」『あけぼの』三月号、二〇〇八年、四頁。

3 湧き出ちゃうし、収まっちゃう主体性

とはいえ、「①奥行き、②センス・オブ・ワンダー、③センス、④試行錯誤のグルグルスパイラル」があるとして、そうして、気がついたら、いつの間にか（中動態的に）「泥んこ滑り台」に行きついちゃうことが、どうして主体性と言えるのでしょうか。

「此性《このせい》」の世界――この世界とこの私との、この一回限りの出会いの世界

主体性はこれまで「自分の中にある様々な感覚（センス、感覚的な意味）をまとめて、そこから、〝するかしないか〟を意志的に選び、行動に移すこと」だと考えられてきました。もちろん、それが主体性であることに間違いはありません。しかし、「様々な感覚をまとめること」だけでなく、「様々な感覚が生じてしまうこと」も主体性と呼べないものでしょうか。ドゥルーズはそのような考え方を切り拓いてくれました。このような考え方に立てば、自分で意志的に選んだわけではないけれど、「泥んこ滑り台」に行きついちゃったことや、「トロ船」に入っちゃったことをも、主体性と呼べそうです。

このような考え方は、トロ船に入っちゃったAくんの主体性を説明してくれるだけでなく、トロ船には入らなかった子どもたちの主体性も説明してくれます。というのも、その子たちは「トロ船」に入っちゃうことはありませんでしたが（「行動に移す」ということはありませんでしたが）、その子たちにも、様々な感覚

写真4－4　無題

が生じていたはずだからです。この「様々な感覚が生じてしまうこと」自体を主体性と呼ぶこと。ドゥルーズが切り拓いてくれたのは、そのような主体性の考え方です。

私たちは「キラキラ」を「プリズム」に、「ジャバジャバ」を「シャワー」にまとめたくなりますが、ドゥルーズは『千のプラトー』という本の中で、「キラキラ」が「プリズム」にならなくていい世界（次元）、「ジャバジャバ」が「シャワー」にならなくていい世界、「ザブンザブン」が「プール」にならなくていい世界のことを「この水とこの私との、この一回限りの出会いの世界」という意味で「此性《このせい》」の世界（次元）として語っています。[*10]

たとえば、写真4－4の風景を前にしたとき、私たちは「山だ」「池だ」と考えてしまいます。しかし、「池」という名前を知らない赤ちゃん（乳児）は、写真4－4の世界に身を置いたとき「池だ」とは考えません。「ムワワムワ（なんか臭いな）」とか、「ダラダラダラン（なんか暑いな）」とか、その世界そのものと、そのままに（名前を介さずに）触れ合っています。

これは、ドゥルーズが「此性《このせい》」の世界と呼んだ、この一回限りの世界です。より正確には「私」と「山」

*10　ジル・ドゥルーズ、宇野邦一ほか（訳）『千のプラトー（中）——資本主義と分裂症』河出書房新社、二〇一〇年、二〇七－二一七頁。なお「此性」を「これせい」と読むものも多くありますが、「この一回限りの出会いの世界」という意味を込めて、本書では「このせい」と読むことにします。

と「池」とが分かれる前の「ムワワムワ」「ダラダラダラン」の世界です。それは、Aくんと「この水」との「キラキラ、ジャバジャバ、ザブンザブン」の世界です。

「此性《このせい》」の世界とは「山が山という名前（言葉）にまとまる前の世界」でもあります。ドゥルーズは「此《この》性《せい》」の世界を大事にしました。のみならず、「此性《このせい》」の世界において「主体性」を取り戻そうとしました。

感覚が湧き出ちゃうし、収まっちゃうときの主体性

「此性《このせい》」の世界において「主体性」を取り戻すこと。それは「ムワワムワ」とか「ダラダラダラン」の世界を生きること自体を、主体性と呼ぶということです。

ドゥルーズは、言葉というまとまりになる前の「ムワワムワ（なんか臭いな）」とか「ダラダラダラン（なんか暑いな）」という状態を「特異性」と呼びました。[*11] その中でも、正しいとされている言葉づかいに収まらない特異性、すなわち「まだ拘束されないで」いるような特異性を「野性の特異性」と呼び、大事にしました。[*12]

この「野性の特異性」の次元で「主体性」を取り戻すこと。それがドゥルーズが目指したことです。私は、この次元で「主体性」を論じることがとても大事だと思っています。というのは、この次元で「主体性」を論じることによって、赤ちゃんの「主体性」を論じることができるからです。

赤ちゃんの中にも様々な感覚が流れています。しかし、赤ちゃんは、そのような感覚をまとめ、選び、行動に移すことは十分にはしていません。これまでは、感覚をまとめ、選び、行動に移すことを「主体性」と考えていたので、赤ちゃんが「主体性」を生きているということを説明しづらかったのです。しかし、様々

な感覚が自分の中を流れていること、そうして、「野性の特異性」を生きていること、それを「主体性」と呼ぶことができるのならば、赤ちゃんは「野性の主体性」とでもいうべきものを生きています[＊13]。

この「野性」はフランス語ではsauvage（ソバージュ）という言葉で「生《なま》の」とか「原始の」といったニュアンスをも含む言葉ですから、赤ちゃんは「生《なま》の主体性」を生きていると言うこともできます。それは、私たちのように言葉を介して世界に出会う主体性とは別の主体性であり、簡単に言えば、世界そのものと、（言葉を介さずに）そのまま出会うことで、湧き出ちゃう感覚に身を任せながら、生きている実感に充たされている状態の主体性です。

先ほどの言葉で言えば、めくるめく現れる世界の奥行きに吸い込まれ、「すごい！　プリズムみたい！」とか「すごい！　シャワーみたい！」とかいうような感覚が湧き出ちゃう状態に身を任せ、そうして、生き

＊11　ドゥルーズが「特異性」と呼ぶのは「項」にまとまる前の（現働化〔アクチュアリゼ〕する前の）「比」の世界です。詳しくは以下の文献を参照ください。①ジル・ドゥルーズ、財津理（訳）『差異と反復（下）』河出書房新社、二〇〇七年、一一一―一一二頁、②ジル・ドゥルーズ、小泉義之（訳）『意味の論理学（上）』河出書房新社、二〇〇七年、一八三―一九七頁、③國分功一郎『ドゥルーズの哲学原理』岩波書店、二〇一三年、六四―六六頁、④鹿野祐嗣『ドゥルーズ『意味の論理学』の注釈と研究――出来事、運命愛、そして永久革命』岩波書店、二〇二〇年、五三頁。

＊12　「正しいとされている言葉づかい」とは、ドゥルーズやミシェル・フーコーの用語では「知」や「権力」の要請に隷属した言葉づかいのことです（ドゥルーズ、前掲書（＊4）、二二二頁及び二三〇頁）。

＊13　ドゥルーズは「野性の主体性」という言葉は使わず、「野性の特異性」という言葉を使います。それはおそらく「様々な感覚（欲望）」が生じる特異性の次元は、主体が成立する前の次元、むしろ、主体がそこから成立してくるような次元だからです。ですから「野性の特異性」は「野性の主体性」というよりも、「野性の主体性の素（もと）」とでも呼ぶべきものなのですが、ここでは「野性の主体性」と呼ぶことにします。

ている実感に充たされている状態の主体性です。[*14] より正確には、「プリズム」「シャワー」にまとまる前の「キラキラ」「ジャバジャバ」「ザブンザブン」「ムワワムワ」「ダラダラダラン」の世界を生きているときの主体性です。

ドゥルーズは「内在――ひとつの生……」という文章の中で「純粋な力であり、諸々の痛みや弱さを通じた至福でさえあるひとつの内在的生が乳児たちを横切っている」と書いています。[*15] 痛みや弱さを通じた至福。それは、エリク・H・エリクソンが「ヌミノース」という言葉で描き出そうとした体験です。世界の奥行きに吸い込まれ、飲み込まれ、包み込まれたときに味わうような、「不気味さ」と「不思議さ」、「戦慄」と「賛美」といった相反する感覚が、わちゃわちゃしたまま一体になったような体験です。そのような体験を生きるとき、人間は、この世界に生きているという実感（アクチュアリティ）に充たされます。[*16]

生きている実感に充たされていること。なんて素敵な状態なのでしょう。そして、それを「主体性」と呼べることはなんて素敵なことなのでしょう。ドゥルーズやフーコーが切り拓いてくれた「野性の特異性」の考え方を教育学に導入することで、赤ちゃんが生きている主体性を「生《なま》の主体性」として理解することができるのです。

ドゥルーズが『フーコー』を書いたのは一九八四年のことです。それから二五年経った二〇〇九年にリゼロット・マリエット・オルソン（Olsson, L. M.）は「関係的な場としての主体性 subjectivity as a relational field」という概念で「主体性」を語りました。[*17] これは「此性《このせい》」の次元、「野性の特異性」の次元での「主体性」を語ろうとした概念で、ドゥルーズの思想を引き継いだ概念です。

このような概念が乳幼児教育の分野から出てきたことは偶然ではありません。私たちが赤ちゃんと一緒に生きているからこそ、そして、「泥んこ滑り台」に行きついちゃった子どもたちと生きているからこそ、さらには、そこに子どもたちの「主体性」を感じてしまうからこそ、登場した概念です。

こうした概念があることを、つい、保育者の方々に伝えたくなって、今月の研修でも「関係的な場としての主体性」の話をしました。「なんか難しい！」「もうちょっと、しっくりくる言葉にしたい！」というのが大半の反応でした。そこで、みんなで名前を考えました。

「盛り上がるときの主体性ってどうだろう？」「いや、盛り上がるだけじゃなくて、収まるも入れたいな」「収まるってどういうこと？」「うーん、感覚ってさあ、盛り上がるだけじゃなくて、収まるじゃん」「ああ、便意もそうだよね」「だから、盛り上がるし、収まるってこと」「じゃあ、盛り上がり、収まるときの主体性は？」「関係的な場としての主体性よりはいいけど、盛り上がるも、収まるも、赤ちゃんにしては動きが大

＊14　人間が、世界の奥行きに吸い込まれる。このような世界観については山本一成さん（教育学者）から多くを教わりました。特に記して感謝の意を示します。

＊15　ジル・ドゥルーズ、宇野邦一（監修）「内在――ひとつの生……」『ドゥルーズ・コレクションI　哲学』河出書房新社、二〇一五年、一六二頁。

＊16　ここでの「実感」という言葉は、木村敏の「アクチュアリティ」という言葉を踏まえています。アクチュアリティについては久保、前掲書（＊1）の第5章を参照ください。

＊17　Olsson, L. M. (2009). *Movement and experimentation in young children's learning: Deleuze and Guattari in early childhood education*. Routledge. 特にp. 195を参照ください。

きすぎるよね」「たしかに」「湧き出るはどう？　湧き出るときの主体性」「あ、それいいね」「湧き出ちゃうのほうが、もっといいかも」「じゃあ、湧き出ちゃうし、収まっちゃうときの主体性だね」

というわけで、いまのところ「関係的な場としての主体性」は「感覚が湧き出ちゃうし、収まっちゃうときの主体性」に落ち着きました。[*18]そのこころは、「すごい！」という驚きも、「なんかいい」とか「なんかやだ」という快・不快も、「すごい！　プリズムみたい！」という「センス（感覚的な意味）」も、やる気も、便意・尿意も、ムカッとしたときの手も、あくびも、湧き出ちゃうし、収まっちゃう。そうした、湧き出ちゃうし、収まっちゃう状態を生きていることが、そのまま主体性を生きている状態だということです。

ただし、この場合の「主体」は「個体」を超えた「関係的な場」であることにご注意ください。山、池、私が一緒になったときに「ムワワムワ」とか、「ダラダラダラン」とかいった「言葉にまとまる前の感覚」が生まれちゃう。こうした「感覚が生まれる場所としての主体性」が「感覚が湧き出ちゃうし、収まっちゃうときの主体性」です。それは言葉によって「山」と「池」と「私」とが切り分けられる前の「あらゆる雑多な存在が、わちゃわちゃしたまま、その場に存在しているような関係的な場」である状態を生きているときの「主体性」です。

それは、山や池と切り分けられた「個体」の状態ではありません。[*19]むしろ、私という存在が山、池、木などからなる世界の「派生物」である状態です。[*20]事例2（八八頁）のAくんは、水や暑さからなる世界の派生物であり、写真4－4（九五頁）の寺を訪れた私たちは、山、池、木などからなる世界の派生物なのです。そこでは「ムワワムワ」「ダラダラダラン」といった感覚がまず生じ、そのような感覚が「私」という存在へとまとまっていきます。私が最初にいるのではなく、世界があり、そこから感覚が生じ、その感覚が、私という存在へとまとまっていく。まさに私たちは派生物として、この世界に生かされて、生きている。それが「関係的な場としての主体性」を生きている状態です。だとすれば、主体性を大事にするということは、その人を取り巻き、生かしている世界を大事にするということでもあります。

4 するか、しないかを選ぶときの主体性

と、ここまで話したところで、研修はいったん休憩に入りました。みんなでコーヒーを飲みながら一息ついている最中に、保育者の方から「感覚が湧き出ちゃうし、収まっちゃうときの主体性が『新しい主体性』

＊18　ここで「感覚が湧き出ちゃうし、収まっちゃうときの主体性」という表記に落ち着いた「関係的な場としての主体性」も、読み進めると「感覚が湧き出ちゃう場としての主体性」という表記へと揺れたりします。「関係的な場としての主体性」「感覚が湧き出ちゃうし、収まっちゃうときの主体性」「感覚が湧き出ちゃう場としての主体性」。保育者の皆さんと話していると、この三つが揺れながら語られることで、かえって腑に落ちるようなので、あえて「揺れ」を残しました。

＊19　ドゥルーズは「主体（主体性）」を「個体」と結びつけないようにすることを訴えています。ドゥルーズ、前掲書（＊4）、一九七頁。

＊20　ドゥルーズ、前掲書（＊4）、一八五頁。

研究の世界では、こうした「揺れ」は御法度であることは自覚していますが、「実践者が自ら書く研究」「実践者と研究者が一緒に書く研究」の可能性を探るうえでは（＊3も参照ください）、こうした「揺れ」を正当に扱うことも必要になると考えますので、「揺れ」に対して（混乱するどころか）納得の材料にしてしまう人間の偉大さに甘えて、「揺れ」を残します。

だということはよくわかりました。だとしたら、これまで私たちが大事にしてきた主体性をどう考えたらいいですか?」という質問が出ました。同僚の方が「これまで大事にしてきた主体性って?」と尋ねると、「久保さんが冒頭におっしゃってた、生まれてしまった感覚をまとめ、そこから〝するか、しないか〟を意志的に選び、行動に移すときの主体性です」と説明してくれました。

ちなみに、「これまで大事にしてきた主体性」は、保育者のみなさんとの「ネーミング会議」で「するか、しないかを選ぶときの主体性」と名づけられました。そのネーミング会議のときに「Ⓐ感覚が湧き出ちゃうし、収まっちゃうときの主体性」と「Ⓑするか、しないかを選ぶときの主体性」とを、どう呼び分けるとわかりやすいか、という話になりました。その様子がおもしろかったので、少し脱線しますが、書いておきます。ある人は、「Ⓐ感じる主体性」と「Ⓑ考える主体性」と呼ぶのはどうだろう、とおっしゃいました。別の人は「Ⓐココロが動いたときの主体性」と「Ⓑアタマを動かすときの主体性」と呼ぶのはどうだろう、と提案してくれました。やはり、保育者のみなさんの肌感覚に沿ったネーミングは絶妙です。読者のみなさんの理解にも必ず役立つように思うので、ここに書いておきます。

さて、休憩中に出た質問に戻ります。その質問を糸口にして、研修の後半は、「感覚が湧き出ちゃうし、収まっちゃうときの主体性（感じる主体性）」が新しい考え方として出てきたことはわかったけど、これまでの「するか、しないかを選ぶときの主体性（考える主体性）」（以下、「するか、しないかの主体性」）を、どう考えたらいいの？　という点について考えました。

「自己との関係」と「自己活動」――「離脱」を保障する

オルソンは「関係的な場としての主体性」という言葉によって「感覚が湧き出ちゃう場としての主体性」を考えようとしたわけですが、だからといって「するか、しないかの主体性」が無くなったわけではありません。

どちらかといえば、これまで「するか、しないかの主体性」しか無かったところに、「感覚が湧き出ちゃう場としての主体性」を付け加えることで、「子どもの主体性」や「主体的な学び」を、より深く、より正確につかもうとしているわけです。

ですので、「するか、しないかの主体性」は、引き続き、重要です。それどころか「湧き出ちゃう」という状態が、今後、重視されるようになればなるほど（そのような状態は喜ばしいことですが）、「するか、しないかの主体性」もますます重要になるでしょう。

というのも、「湧き出ちゃった」状態（中動態に身を置いている状態）は、生きている実感に充たされている状態ではありますが、様々な感覚でゴチャゴチャしているにもかかわらず、なかなか決着がつけられない、しんどい状態でもあるからです[*21]。

もっとも保育者の方々と話していると、みなさん「するか、しないかの主体性」が重要であることも強く感じています。だからこそ、「するか、しないか」は、できるだけ本人の意志が尊重されるかたちで選べるようにしてあげたいとおっしゃいます。

---

*21　國分・熊谷、前掲書（*1）、一四六頁。

ヒントになるのは、ドゥルーズが「新しい主体性」のかたちとして示した「自己との関係」という考え方です。ドゥルーズは「自己との関係」を語る際に「派生物」と「離脱」という言葉を使います[*22]。

事例2においては、私たちが、世界の「派生物」として、この世界に生かされて、生きているのだと言います。ドゥルーズは、「キラキラ」「ジャバジャバ」「ザブンザブン」という感覚が生じ、そのような感覚がAくんという存在へとまとまっていったわけですが、まさにAくんは、この世界の「派生物」として、この世界に生かされて、生きているのです（前の節でも、その点は語りました）。それは、私たちが「他との関係」から逃れられないということでもあります。私たちと世界とを切断することはできないということです。だからこそ、離脱だけは、何とか大事にしてやりたい。切断できないからこそ、離脱は保障してやりたい。ドゥルーズは、そのように考えます。

とはいえ「離脱」とは、どのような状態なのでしょうか。そのヒントになるのが、倉橋惣三から津守真へと引き継がれた「自己活動」の思想です。津守は『自我のめばえ』において、「自己活動」について次のように述べています[*23]。


　第一に、子どもにゆっくりとした時間を与えることが必要である。自分のやりたいことを見つけるための時間、自分の活動にとどまり、自分が満足して終わるまでの時間である。子どもは自分の活動を充実させる時間をもつことによって、自分自身を形成する。

　第二には、自由に活動できる落ち着いた空間をもつことである。幼児が自由に歩きまわり、自分のやり方で物を並べ、動かすことのできる空間を確保することである。家の中、片隅、家の周囲の小さな空間、陽のあたる戸外などで、幼児はゆっくりと自分の活動をする。

第三には、子どもが自分の手足や身体で操作して遊ぶことのできる素材を用意することである。土や水、木の葉などの自然物、紙や鉛筆、積み木や人形などの素朴な玩具、子どもの力で変形し、想像し、多様に使える材料である。

第四には、互いに応答し合う大人や友達の存在である。命令したり指示するのではない。人間らしい自然な応答をする人間的な環境が、何よりもたいせつである。

ここで津守が言わんとしていることは、ドゥルーズが「離脱」という言葉で語ろうとしたことに重なります。特に「ゆっくりとした時間」を与えてやることと、「自由に活動できる落ち着いた空間」をもつこと。この二つは、ドゥルーズが離脱と呼んだ状態を、具体的な保育の場で実現するための大きなヒントになるでしょう。

抑制・調整を働かせた発揮

もう一つのヒントは、人間が何かを発揮するときには、常にいくらかの抑制や調整が働いているのだというエリクソンの思想です。

＊22　ドゥルーズ、前掲書（＊4）、一八五頁。

＊23　津守真『自我のめばえ――二～三歳児を育てる』岩波書店、一九八四年、七六頁。これは國分功一郎が「変状の自閉的、内向的過程」と呼んだものを保育の言葉づかいに言い換えたものだともいえます（國分功一郎『中動態の世界――意志と責任の考古学』医学書院、二〇一七年、二五七頁）。

キャベツ見えた！

連日 大切に お世話している かたつむり。

引っ込み事案で 担任のそばから 離れられない 3人組だけど

かたつむりのことになると 目を輝かせて 「〇〇しよう！」が 出てきます。

「今日は キャベツ あるかなー？」と 言いながら 給食室を のぞいてみると

キャベツ 山盛り を 発見!!!!

より一層 目を輝かせて 「あった！」

その勢いで 給食室の 扉をあけて 「かたつむりさんの キャベツ くーだーさい！」

と 子どもたち だけで 言えました ✿

事例3はキャベツを発見して、「かたつむりさんの食べ物だ!!」というセンス（感覚的な意味）が湧き出ちゃった場面ですが、そのセンスを「かたつむりさんのキャベツくーだーさい！」という言葉へと抑制して発揮しています。この、抑制・調整を経た発揮こそ、「するか、しないかの主体性」を生きている姿です。その点で、保育者が、この事例3を「子どもの主体性を感じた場面」として、研修で報告してくれた気持ちは、よくわかります。

人間は、事例3の子どもたちのように、湧き出ちゃう感覚を抑制し、調整しながら発揮しています。そして、感覚の抑制・調整の仕方は、年齢が上がるにしたがって、複雑になっていきます。

周囲の人が無理に欲望を抑えつけるのではなく、本人が、自分で、抑え方を調整できるようになること。それを大事にしたいと思っている育児者・保育者は多いと思います。エリクソンは「基本的信頼」「自律性」「自主性」という言葉を使いながら、周囲とのかかわりの中で、本人が、自分で、欲望の抑え方を調整できるようになる姿を描こうとしました[*24]。

たとえば第Ⅰ期には「自分の感覚を発揮しても、ちゃんと応答してもらえる」という基本的信頼の感覚を開花させます。そして、第Ⅱ期には（基本的信頼と筋肉の発達とを土台にして）自分の感覚を、自分の身体を使って、発揮します。事例2のAくんが、まさに第Ⅱ期を生きています。その一方で、この時期には周囲の視線が気になり始めたり、周囲から期待されていることに気づき始めたりします。つまり「周囲の視線」や「周囲の期待」が「するかしないか」の判断に影響し始めます。「お父さんの視線が気になるから、やめ

＊24　詳細は、久保、前掲書（＊1）の第3章を参照ください。

ておこう」という抑制が働いたりもします。こうした周囲の期待・視線も気にしながら、自分の意志を働かせて「するかしないか」を決めることを、エリクソンは「自律性・自己決定（オートノミー）」と呼びました。

さらに第Ⅲ期には、抑制・調整・発揮の仕方がますます複雑になります。「周囲の期待・視線」に加えて、「約束」「役割」「見通し」「順番」が大事になってくる時期ですから、あの子との「約束」があるからやろう（やめておこう）とか、私の「役割」だからやろう（やめておこう）といった種類の抑制・調整・発揮が始まります。集団の力を借りて、自分たちの世界をつくっていくがゆえに「約束」「役割」などをつくって、自分の目的を実現することを、エリクソンは「自主性・主導権（イニシアティブ）」と呼びました。

この文章ではエリクソンの思想に深入りできませんが、エリクソンは周囲の人が無理に抑えつけるのではなく、本人が自分で抑制・調整・発揮ができるようになる筋道を、人間の中に見出し、思想としてまとめました。その思想のポイントは、人間の中には、常に複数の感覚がせめぎ合っていると考える点にあります。津守は、エリクソンの思想のポイントを次のようにまとめています[*25]。

人間の精神は、本来、欲望の奴隷になることを望んでいない。また、あることをなすべきであるという集団の道徳的規範を絶対視するあまり、主体の自由を売り渡してしまうことをも望んでいない。人はその両者を野放しに膨張させることのないように、両者の傾向が自らの内にあることを意識して、両者をコントロールすることができるような統合機能を必要としている。この両者を否定するのでなく、過剰に膨張させるのでもなく、エリクソンの語を用いるならば、「その両者の経験を組織化させて内心の調整者とする」ところに、自我のはたらきがある。

エリクソンと津守が言うように、人間の中には、集団の道徳的規範が常に働いています。このような道徳的規範と自分とを切断して生きることはできません。だからこそ、離脱（津守の言う「ゆっくりとした時間」と「自由に活動できる落ち着いた空間」）を保障してやることが必要なのです。

先ほど「するか、しないかを選ぶときの主体性」を「考える主体性」と呼ぶのはどうだろうという意見があったことを紹介しました。この呼び方に従うなら、エリクソンと津守が言っていることは、その子（たち）が「離脱」して考えるための時間と空間をゆっくりとってやることが大事だということです。

5 「湧き出ちゃう」と「する（しない）」とが絡まり合うような主体性を生きる

私たちが集団の道徳的規範から「切断」され得ないからこそ、せめて「自己活動」（離脱）を保障しようと考える。このようなエリクソン、津守の考え方に加えて、「人間は、人間がつくった道徳的規範を超えた、世界の奥行きに生かされているんだ！」というドゥルーズの考え方からも、多くを学びたいと思います。

私たちがつくりあげた「集団の道徳的規範」は、周囲との協力を生み出すという点で私たちの可能性を拡げてくれるものですが、私たちは、自分たちの可能性を「集団の道徳的規範」の範囲にとどめる必要はありません。自分たちの可能性を、世界の奥行きへと開くことで、世界の胸を借りながら生きることができるは

*25　津守、前掲書（*23）、一八四頁。

ずです。[*26]

それは、道徳的規範がいらなくなるということではありません。私たちは、道徳的規範から逃れられないからこそ、世界がもつ奥行きの胸を借りて、「集団の道徳的規範」とは別の「野性の倫理」とでもいうべきものの声も聴きながら生きていこうよ、ということです。

最後に三つだけ。

子どもたちと世界の奥行きとの出会いを大事にすることで「湧き出ちゃう主体性」をたっぷりと生きる。加えて、「ゆっくりとした時間」と「自由に活動できる落ち着いた空間」を大事にすることで「するか、しないかの主体性」をもたっぷりと生きる。そこでは「湧き出ちゃった感覚」が「する（しない）」へと発揮されます。それは「湧き出ちゃうとき」が、そのまま「する（しない）とき」になるような時間を生きること、すなわち「湧き出ちゃう」と「する（しない）」とが同時に生まれるような主体性を生きることです。事例に出てきた子どもたちが生きていたのは、このような主体性です（それを本章第2節では「①奥行き、②センス・オブ・ワンダー、③センス、④試行錯誤のグルグルスパイラル」と名づけたわけです）。

それは、中動態と能動態とが絡まり合うような主体性でもあります。

ここでも、保育者のみなさんと語り合ったことが参考になると思うので、書き足しておきます。研修の途中で「奥行き」について話しました。「人間は世界の奥行きに生かされているんだ」という話をしました。そこで引っかかっていた保育者の方が「『生きていること』じゃなくて『生かされていること』がどうして主体性なんですか？」という質問をしてくれました。私は、「『生かされていること』と『生きていること』を同時に感じるような体験が人間にはあって、それが（もっとも深く）主体性を生きている体験です」と答えました。

「生かされていること」と「生きていること」は別々にあるのではなく、本来は、両方を同時に生きることができるのです。それが中動態と能動態が絡まり合うような主体性です。そうした体験を溜めていくためにも、乳児期に「生かされている」時間をたっぷりと味わうことが大事なんだと。そうした気づきを口にしてくれた保育者の方もいました。

また、そのような語り合いの最中には「久保さんが『生きている実感に充たされていること』と呼んだものは、『生かされている実感に充たされていること』でもあったんですね」という気づきも生まれました。

保育者のみなさんとの語り合いで辿り着いたのは「中動態だけで生きるよりも、能動態だけで生きるよりも、両者を連動させて生きようよ」とか、「生きることなく生かされるよりも、生かされることなく生きるよりも、生かされながら生きようよ」ということでした。

それは「開いて生きていこうよ」ということでもなく、「開くと楽なこともあるよ。けど、開きすぎて、わちゃわちゃしちゃって、しんどいときは、離脱して、閉じることも大事だよ」ということです。

あと二つ。

「次回の研修からは、ムワワムワとか、ダラダラダランみたいな言葉で書かれた事例が飛び交いそうですね」とおっしゃった保育者の方がいました。

＊26　「世界の胸を借りる」という言い方は水津幸恵さん（教育学者）からいただいた私的なコメントからアイデアを得ました。記して感謝申し上げます。

いいですね。楽しみです。

子どもとともに「この一回限りの世界（此性《このせい》の世界）」を生きる。そのときに生じていた感覚を「特異性」の次元のまま「あらわす」。そのとき、やむを得ず、何らかの言葉を使うことにはなるのですが、自由な言葉づかいで「この性」の世界をあらわす。と同時に「子どもたちの中に『自律性』が育ってきたから、『自主性』が育つような環境も考えましょう」といった省察（リフレクション）も飛び交う。

それはティール組織論でいう「オレンジ段階[*27]」の組織に向けた、重要なカンファレンスのあり方ですが、その点は、またの機会で述べることにしましょう。ともあれ「ムワムワ」「ダラダラダラン」といった言葉と、「自律性」「自主性」といった言葉とが、対等に飛び交う次の研修が、いまから楽しみです。

これが本当の最後。

研修の終わりに「子どもの主体性を大事にすることって、あらためて、どういうこと?」というテーマで語り合いました。そこで出てきた保育者の方々のコメントを紹介して終わりにします。

主体性を大事にすることは、

「その子たちが世界の奥行きに触れるような体験を大事にすること」

「そのとき湧き出ちゃった、その子たちなりのセンスを大事にすること」

「そうして、生きている実感に充たされていることを大事にすること」

「それだけでなく、生かされている実感にも充たされること」

「その子たちが、自分たちで選ぶことを大事にすること」

「そのためにゆったりとした時間をとることを大事にすること」

などなどなど。うーん、いいですね。何もつけ加えることはありません。

*27　フレデリック・ラルー、鈴木立哉（訳）『ティール組織――マネジメントの常識を覆す次世代型組織の出現』英治出版、二〇一八年、四二-五二頁。

第5章　子どもを撮るということ

宮武大和

1　何のために撮るのか

近年、保育のなかで写真が活用されることが多くなっています。写真のデジタル化に伴い、撮る・見る・保存・印刷することが容易になり写真は保育に欠かせないツールとなりつつあります。ドキュメンテーションやポートフォリオ、ラーニングストーリー等、日々の保育や子どもの成長の記録、職員間での情報共有、保護者に子どもの姿を伝えること、保育の意味を可視化することなど、写真の利用方法や目的にはさまざまなものが見られるようになっています。

私は保育者が子どもの写真を撮るとき、「保育の業務に活用するため」という目的よりもまず先に子どもの行動や表現に心が動かされて、「その瞬間を残したい」という素直な思いがあって写真を撮っているのではないかと思っています。

保育者にはさまざまな形で子どもを表したくなる欲求があるのだと思います。私はなぜ、子どもをあらわそうとするのか、子どもの何をあらわそうとするのか、子どもを「撮る」という観点から考えてみます。

2 私と保育と写真

私は札幌トモエ幼稚園の保育者となって二五年目になります。現在は主幹教諭として、八五人の園児と、一緒に登園してくる保護者や赤ちゃんなどの家族合わせて約一五〇人と毎日生活を共にしながら、〝自称〟写真係として日々の写真を撮り続けています。一眼レフカメラで年間約四万枚の写真を撮影し、その写真は子どもたちや園の生活記録、職員ミーティング時の振り返りの題材となったり、保護者向けに販売されたりしているほか、保育誌の表紙やコラム等に掲載されることもあります。

私と保育の出会いは一九歳、大学二年の秋に、友人に誘われて全く予備知識なく現在の勤務園である札幌トモエ幼稚園に遊びに行ったことがきっかけでした。私はもともと保育者志望ではなく、大学では国際文化学部で語学の勉強をしていたので、意図せず子どもたちの世界にふれることとなりました。

森のなかにあって自然豊かな園庭環境や、そこで出会った子どもたちとの互いに素直な自分を出し合える関係のおもしろさ、子どもと一緒に保護者も登園して家族ぐるみで園の生活に参画していることで、園が一つのコミュニティとなっている様子に興味をもち、一日だけの予定のところ、私はその日以降も見学を希望して、たびたびトモエ幼稚園に通うようになっていきました。

保育実習生でも保護者でもなく、ただの学生という立場でしたが、職員や保護者、子どもたちから快く受け入れてもらったことで、園に行って子どもたちと遊ぶことが生活の一部となり、大学三年の頃には、授業の受講スケジュールを調整しながら週に三～四日は園に通うようになっていました。

保育者志望ではなかった私がなぜ、子どもたちとの生活に惹かれていくようになったのか、はじめは自分でもわからなかったのですが、保育の知識も経験も全くないながらも、子どもたちと体当たりで関わる日々を積み重ねていくうちに、その理由がだんだんと見えてくるようになりました。

それは、子どもたちと関わるなかで自分自身の子どもの頃の経験と重なる場面に出くわして、子ども時代の生活の記憶が鮮明によみがえったり、職員ミーティングに参加して子どもの成長過程とそれを支える大人の営みの一端を垣間見ることで、一九歳となった自分を形作っている土台は、幼少期の経験にあることを強く感じたりしたからでした。

北海道の海沿いにある小さな町で育った私の子ども時代も、野山や海などの自然環境のなかで、大人から肯定的に見守られながら、大きい子と小さい子が一緒に自由な発想で試行錯誤しながら遊ぶ時間と場所に恵まれていました。子どもの頃の原風景を思い出すと幸せな気持ちになるような、楽しかった記憶にあふれている豊かな子ども時代を過ごしていたのです。

トモエ幼稚園で、子どものありのままを肯定的に受け止めようとする環境を体感したときに「自分も同じように肯定されて育ってきた」ということを意識するようになり、私自身が子ども時代に受けてきた恩恵をこれからの子どもたちにも自分で手渡したい、そんな思いが芽生えたことで保育者志望ではなかった私が保育者をめざすこととなり、大学卒業後に通信教育で幼稚園教諭の資格を取得してトモエ幼稚園の職員となりました。

振り返って考えると、一九歳という「子ども以上、大人未満」ともいえる時期で、保育学生でもないため立場や役割に縛られずにお互い一人の人間として対等な関係で子どもの世界にどっぷりと浸る機会に恵まれ、子どもたちの自由な発想のおもしろさや、自分の好きなことを見つけて熱中する姿に刺激されることで私自身のなかにある子ども性を失わずにいられたことが、現在の私の子ども観の基礎にあるように思います。

このような経緯で保育者となったことと小学生の頃に電車を撮影するためにカメラや写真に親しんでいた経験がつながって、職員となってしばらくの間は時々、園のカメラで日々の生活の記録としての写真を撮っていました。

その後、保育者になって一〇年目頃に、子どもたちと生活するなかで出会う「子どもの柔軟な発想には敵わない」、「子どもっておもしろい！」、「子どもから学ぶことが多くある」という発見や驚きを大人に伝えたい、そのために、一つのエピソードや一人ひとりの子どもの心情、人間関係などにもっと焦点をあてて撮りたいという気持ちが湧き上がってきて、意識的に「子どもを撮る」ことが、私自身が日々の生活で感じていることを表現する一つの手段となっていきました。

職員それぞれが自分の得意分野で力を発揮することが推奨されている園の風土や、固定された担任制ではなくチーム保育の体制であること、間仕切りのないオープンスペースの園舎によって状況に合わせて臨機応変に持ち場を替わることができるなど職員同士の連携がとりやすいことも後押しとなって、保育者として与えられた一業務、というよりも、自分が撮りたいから撮る、もっと撮ることを深めたいという流れで園の備品のカメラとは別に自分でカメラやレンズをそろえて撮り始めたことで、〝自称〟写真係のような状況になっていきました。

このような経緯で私は保育の世界に飛び込み、写真で子どもをあらわし始めるようになったのですが、そのなかから「子どもっておもしろい！」と感じたいくつかのエピソードを紹介します。

事例１

「長靴の花瓶」

玄関前の階段に、素敵なお花飾り。

もしかして、と期待してのぞきこんでみると、やっぱり花瓶にはお水がたっぷり。

躊躇なく自分の長靴に水を注いで、お花を飾るMちゃんの心もち、尊敬するよ。

事例2

「あやとりブランコ」

園庭にある三つのブランコ。私たち大人は、ブランコはこのように乗るもの、という考えで、つくったわけですが……。

一人で二つ乗ったり、両端のブランコを揺らすために、真ん中のブランコをひっかけてぶら下がったり……

三つのブランコが絡まって……、もはやどうやって乗っているのかわかりません。

あやとりのように次々と新しい乗り方を編み出す子どもたちの発想力に刺激を受けて、僕は今日も活きています。

事例3　「だれが一番すごい？」

急な大雨のあとの大きな水たまり。はじめは裸足で入ってみただけだったのですが……。

なぜか鍋の蓋や長靴で水浴び大会に。

男の子が自分のすごさをアピールするときの価値観は「達成」と「逸脱」かな。

これは達成？　逸脱？　君たちの思い切りのよさが羨ましいよ。

3　写真にまつわる主観と客観

トモエ幼稚園では、子どもが相性の合う職員と関わる安心感を土台に人間関係を広げていくのを大切にしていること、同じ子どもでも関わる相手や場面によって見せる表情や表現はさまざまで、一人の職員の視点だけでは子どもを多面的に理解することには限界があることから、固定の担任制ではなく、一〇名の職員一人ひとりがすべての子どもの担当と考えて生活しています。子どものほうが職員を選んで関わりをもてるチーム保育の体制で子どもたちと生活しているため、週に数回の年齢別での活動時間のほかは、園生活のなかでクラス分けを意識する場面はほとんどありません。

チーム保育が機能するためには職員の連携が欠かせないため、毎日夕方に二時間ほどかけて、全職員が集まってミーティングを行っています。職員ミーティングはトモエ幼稚園の生活をつくっていくうえで核となる重要な場で、職員それぞれからその日の遊びの様子や出来事について報告をして、子どもたちが生活のなかでどんなことに興味をもっているのか、何を学んでいるのか、今後どのような成長が予測され、それを支えるために私たちができることは何か等、子どもの気持ちを想像したり、保護者の心の状況など背景も意識したりしながら具体的なエピソードを交えて話しています。そのなかでは、他の職員の視点からの報告で、自分が見えていなかった子どもの新しい一面に気づかされることもあります。毎日の生活の流れを振り返って情報を共有・記録し、そこから浮かび上がってくる課題を一緒に考えたり、大切にしたい人間観を確認しあったりすることで、固定観念にとらわれずに、まずは子どものありのままを受け止めながら、どの職員でも適時に必要な関わりがもてる体制や、子どもが自己理解を深めて自分で自分を磨いていけるような人的・物的環境を構築することをめざしています。

ミーティングのなかでは、職員それぞれがその日にあった出来事や子どもたちの生活について報告します。私はその日に撮った写真や動画を大きなモニター画面に映しながら子どもたちのエピソードを話します。一つのエピソードでも出来事の前後の流れや背景を知ることが大切で、私の話に他の職員からの視点や別の写真や動画、子どもの実際の会話の内容や保護者からの情報など追加の報告が加えられ、時系列にそって情報をあつめて点と点をつなげていくと、より詳細な背景が見えてきたり、私の見立てとは状況が違っていたということもあります。

日々、自分の視点と他者の視点の情報を照らし合わせながら話し合っていくミーティングを重ねていると、自分の思考に傾向があることや、私が好んで撮る場面があることが見えてきます。同じ意見で共感しあうこともあれば、他の職員がとらえた子どもの様子や同じ出来事の別の側面を知ることで、自分の主観と向き合い、自分一人の感覚だけで固定観念をもたずに、より的確な子ども理解をめざすことにつながります。

写真は、言葉や文字であらわすよりも、その瞬間の状況が視覚的に伝わります。そうすると、あたかもそれが客観的事実であるかのように捉えてしまいがちですが、写真は撮る向きを変えたり、写す範囲を狭めたりすることで写したくないものを隠すことも可能で、自分の主観に合わせて場面を切り取ることもできる危険性も孕んでいます。また、写真には撮影者と被写体の関係性が如実に表れることが多くあります。私がその子と信頼関係を結べているかどうか、私がその場面をどう見ているか、肯定的なのか、否定的なのか、撮影者の感情が写真から伝わることもあります。

そこに留意しながら写真を撮ったり見たりすることで、一人の視点で撮った写真に写っている瞬間は、それがその子やその出来事の一目瞭然で疑いようのない事実、ととらえるのは早計かもしれないと考えるようになりました。人間には認知バイアスがあり自分の主観で見たいように見る傾向があります。一人の視点というのは常に全体の一部であって、必ずしもすべてを捉えているわけではない、ということを念頭に置いていることが大切だと思います。

しかし同時に、職員一人ひとりのさまざまな個性があることで、同じ子どもでも関係性によってあらわれる姿が変わることや、自分独自の視点が子どもの新たな一面をとらえていることに気づくこともあります。それは自分の固有の感性の長所や価値を認識することにつながり、自分の視点をもって子どもを見ること、自分の言葉で語ることを大切にすることができます。

写真はカメラという機械で写すものですが、どの範囲を写すかを選択し、今だ！　とタイミングを見極めてシャッターを押すのは人間です。「どう撮るか」は「どう見ているか」だといえます。

ある場面に出会い、それをどんな視点で見て、どんな意味を感じているか、自分の感覚を客観視できることが、撮影の技術に長けているかいないかよりも、保育者にとって重要だと思います。私は自己を省察することの大切さを、毎日のミーティングのなかで子どもを語りあうことの積み重ねと、先輩たちの背中や子どもたちが育つ姿から学んできたのだと思います。

近年は、保育者の胸に専用のカメラを装着しておくと子どもの笑顔を自動で検出して撮影、人物ごとに選別し、販売までを外注できるサービスがあるようです。こうした自動撮影・販売サービスは、写真の撮影・

分類・販売にかかる手間を軽減できることから、保育者の労働環境の改善という観点での効果や、意図せず撮った写真のおもしろさに出会うことも考えられます。しかし、子どもの喜怒哀楽のさまざまな瞬間に意味を見出し、感情が動かされて撮ることが、保育者が撮る写真の醍醐味と考える私は、保育者の情動を介さずに、機械的に笑顔を検出して自動で撮影・選別することには違和感を抱いてしまいます。

職員ミーティングは自分の主観について、客観的に知ることができる場でもあります。写真という客観視しやすいツールを使いながら自分の思いを語り、他者の視点もまじえて意見交換をすることで、自分はどんなことに心動いているのか、どんなことを見逃しているのかに気づくことができます。子どもとの現在の関係性を再認識したり、常に自分の考えを停滞させずに更新したりし続けることができます。

私にとって写真を撮ることは、子どもが生きている世界と、それを見る自分の視点を意識化する窓のようなものだと思っています。

撮った後に写真を見て初めて気づくことがある

撮るとき（主観）は認識していなかったものが背景に写っていて、写真を後から見て（客観）新たな発見をすることがあります。これも、写真のおもしろいところだと思います。

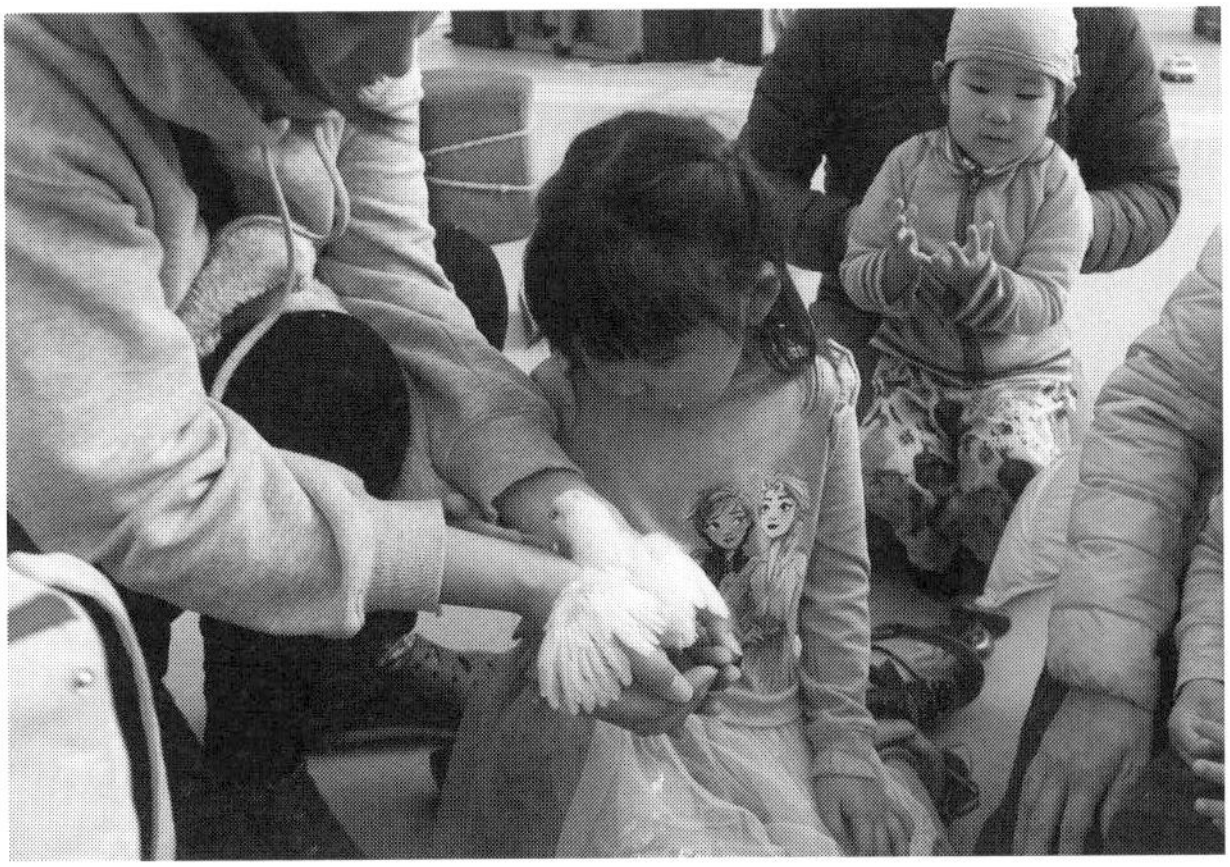

事例4

「共鳴する手」

園児の家庭でふ化したひよこが、初めて園にやってきた日のこと。

順番にひよこを手に乗せている場面を撮ったのですが、後ろで待っているIちゃんの手や表情が、ひよこに触れる前から小さな命を慈しんで守るようで、Iちゃんの心の動きに後から気づいた写真です。

事例5

「やきゅうにくぎづけ」

朝一番、新聞紙のバットとボールを手に会う人みんなに「きのう、どーむで、ふぁいたーずのしあいをみたよ！　やきゅうしよう！」と声をかけていたJくん。

後から打つ瞬間の写真を見たら、こんなにも目でボールを追っているんだね。

そのまなざしから、昨日みた野球の感動が伝わってきて、僕もワクワクするよ。

子どもが撮る写真から見えてくるもの

子どもが自分で写真を撮りたいというときにはカメラを渡したり、一緒にカメラを持って撮ることがあります。どんな写真を撮ったか見せてもらうと、仲の良い友達や、お気に入りの遊具や場所ということが多いですが、友達のお母さんや園舎建物の突起部など意外な人やモノが写っていることもあったり、私が撮るときにはなかなか笑顔を見せてくれない子の満面の笑みが写っていたり、子どもの撮る写真は、その子が人やモノとどんな関係を結んでいるのか、結ぼうとしているのか手掛かりになっていることもあって興味深く見ています。

4 子どもを大人に伝える

日々生活を共にしていると、子どもは自分の気持ちを言葉で表現することに長けていなかったり、大人に配慮して言えなかったり、言わなかったりするために気づきにくいだけで、大人が思っている以上にさまざまなことを感じて考えて、理解していることがわかります。「子どもは未熟で、教えなければ育たない」と大人は考えがちですが、子どもには自ら育とうとする力があります。子どもは大人とは違う時間感覚をもち、今を全力で楽しもうとする力があったり、大人よりも寛容で自分と他者の違いを素直に受け入れて認めたり許すことができたり、場面によっては子どものほうが優れていると思えることに出会うことで「子どもは小さな大人ではない」ことがわかります。

未熟で無知な小さな大人として、大人の価値観だけで評価したり、大人が考える枠のなかに押し込めたりするのではなく、子どもも「一つの主体」として生きることを大事にしていくと、子どもと大人が互いに学び、育ちあう関係ができるのではないでしょうか。写真で子どもをあらわすことは、それを媒介する働きもあると思います。

保護者に伝える

子育てには喜びだけでなく、思った通りにいかないこともあり、保護者が迷いや悩みをもつことがあります。保護者が子どもの成長について心配に思うことで相談を受けて話を聞いていると、保護者から聞く子どもの姿と、園の集団生活での子どもの姿が異なる場合があり、保護者の心配を打ち消すような場面に出会うことがあります。

子どもが健やかに成長している状況をその場に居合わせなかった保護者に伝えるときに、写真があると、文字や言葉だけよりも子どもの表情やその場の状況が見え、より具体的に伝えることができます。

子どもの育ちに気がかりなことがあったとしても、現在の状況がずっと続くわけではないこと、子どもには自ら育っていく力があることを伝えながら、保護者と共に子どもの成長を喜んだり、苦労を分かちあったりしたいと思っています。

事例6

「Kちゃんは大丈夫」

Kちゃんは赤ちゃんが大好き。

でもときどき、Kちゃんの「好き」は強すぎて、赤ちゃんが泣いちゃうくらい抱きしめたり、弟を押し倒したりしちゃうことがある。

小さい子を大事に思う気持ちが育っていないのではないか？と、Kちゃんのお母さんは心配……。

そんなある日、Kちゃんが赤ちゃんに、とっても大事そうに、優しく接している場面に居合わせ、これはお母さんに伝えたい！　と急いでシャッターを切る。

この写真を見たとき、お母さんは、Kちゃんのまなざしや、両手で包み込むようなしぐさから、Kちゃんの、赤ちゃんに対する想いを感じて「Kは大丈夫！」と安心した気持ちを伝えてくれました。

事例7

「ほんとうのなかよしに」

遊びのなかで意見の違いを言いあっているうちに、取っ組みあいのけんかになった二人。自分の素直な気持ちを身体で伝えあっているうちに、互いに相手の気持ちがわかった様子。

「ほんきとほんきでぶつかると、ほんとうのなかよしになれる」。当たり前のようにそう言って、すぐにニコニコ笑いあえる子どもたちから、大人が学ぶことが、いっぱいあると気づかされる。

子どものけんかが始まっても、互いの力と気持ちが対等に向きあい、なおかつ危険がないときには、職員はすぐには介入せずに近くで状況を見守るようにしています。保護者は対応に戸惑ったり、すぐに止めたくなったりするかもしれませんが、トラブルの始まりから終わり、さらに、すぐに仲良く遊び始めるまでの一連の経緯を見て、子どもが大人よりも寛容に相手を受け入れて許しあう様子や、自分の力で問題を解決していくさまを知るなかで、子どものもつ力を信じられるようになっていきます。そうした体験の積み重ねによって保護者は子どもが自分とは別の主体であることを理解し、親と子が互いに精神的に自立していくことにもつながります。

写真を撮らないときもある

先ほどのけんかの場面では子どもが撮られることを拒んでいないので撮影できていますが、穏やかな遊びの場面であっても、カメラを向けて撮ることで子どもが取り組んでいることをやめてしまうことがあります。いま撮ることを許されているのかいないのか、そのときの子どもの気持ちを感じるためには子どもと信頼関係を結び、子どもをよく見ることが大切です。日常的に撮っていることで私やカメラの存在が空気のようになって子どもが撮られることを意識しない状況では撮りますが、入園して間もない子どもは近くで撮れるようになるまで時間をかけて、まずは信頼関係を結ぶことを心がけています。

カメラを向けて記録に残すことは、撮られる側からすると、そのときの心理状況によっては目で見られている以上に自分の内面に踏み込まれることと感じるのではないでしょうか。誰でも、見られたくない、撮られたくないときもあります。子どもが撮られることを了解しているかどうかを感じながら、時にはお願いして許可をもらうなど、私の意思だけで一方的に踏み込むことがないようにしています。子どもの気持ちを読み違えて撮ったときには「今の写真は消してほしい」と怒られて、子どもに謝って消去することもあります。

子どもが本気で悲しんでいるときや、落ち込んでいる様子のときには、その子の気持ちと共に在ることを大切にしたいので、写真として映える場面であったとしても、その悲しみに共感していると撮りたい気持ちにはなりません。保育者である私は報道写真家ではなく、子どものパートナーなのです。

撮れないとき、撮らないときはその場面を心に焼き付けようと思っていて、そのほうが強く記憶に残ることもあります。安易に写真の再現性に頼ったり、良い構図の写真を撮ることを意識しすぎると、子どもを見ているようで見ていない状況に陥ることもあります。時々、自分の心のバランスをとるために今日は撮らないと決めてカメラを持たない日もあります。撮ることは子どもをあらわしたり、伝えたりする手段であって、目的ではないのです。

今の子どもが、未来の大人になる

人は大人になっていくにつれて、だんだんと常識という枠のなかにはまっていくものだと思いますが、日々子どもたちの柔らかな感性にふれていると、枠にとらわれすぎない大人でいることができます。

子どもを撮り、それを大人に伝えることは、現在の保育の意味を可視化するだけでなく、子どものおもしろさ、発想の柔らかさ、大人が忘れかけている子どもの心を思い出させてくれる働きがあり、さらに未来の大人となる今の子どもの豊かな経験を保障することにつながっていくのではないでしょうか。

事例8

「思う存分やってごらん」

本棚から一心不乱に絵本を取り出すKくん。
大人から見ると、「イタズラ」かもしれないけれど、いま二歳の彼にとっては必要な通過点。
「絵本をだいじにしてね」と声をかけつつ、心のうちは……。

Kくんはお気に入りの絵本を探していたのか、本棚の中身を見たかったのか、整然としている秩序を変えたくなったのか、注目を集めたかったのか、真相はわかりませんが、イタズラという一言ではあらわせない考えや理由が子どもにはあるかもしれないのです。
今後も同じことを何度もやり続けるとは考えられないので、絵本は大切に扱ってほしいことを穏やかに伝えつつも、一心不乱に本棚から本を取り出す姿を応援したくなる気持ちがありました。

事例９

「公園の水飲み場」

子どもたちは楽しいことを見つける天才。

ひねると噴水のように高く水が出て、手を離すと止まる蛇口。

出したり止めたりを繰り返すと、空中の水がいろいろな形に変化するのがおもしろい。

水をたくさん無駄にするようなことや、他の公園利用者に水がかかったり、この場を占有したりするようなことは止めるけど、子どもの目線では水飲み場って水を飲むためだけの場所じゃない。

子どもから出てくるおもしろい発想の数々をそばで見ながら、大人がいう「常識」って何だろう？　と考える。

子どもが自発的にやってみようと取り組むことには意味があり、そこには必ず子どもにとっての何らかの学びがあるという心構えをもっていると、それを頭ごなしに否定しない姿勢となり、子どもたちがやってみたいことを素直に表現する姿が出てきます。大人からすると、理解できなかったり、困ったりすることもありますが、子どもがいまどんな気持ちなのかを想像して、子どもがしていることを大人の価値観だけで決めつけずに少し待ってみること、一緒に見ようと心がけてよく観察してみること、子どもに聞いてみたり、子どもと同じように真似てみたりすること、何より子どもをおもしろがる視点をもつことを意識していると、子どもの視点や考えに、なるほどと思うことがあって、制限や否定よりも許可や共感の心もちで子どもを見ることができます。

そうすると写真にも、撮影者である私だけでなく、園の大人たちが子どもをどんなまなざしで見ているのか、子どもが大人の顔色をうかがうのではなく、素直な本音が出せる関係性が子どもと大人の間にあるかどうかがあらわれてきます。「子どもをあらわす」といっても、大人からの抑圧が大きければ子どもの「ほんとう」はあらわれてきません。特に保育者には、子どもが何を見ているのか、何を欲しているのか、そこに共感し、子どもの挑戦・試行錯誤を保障できる大人であってほしいと思います。

それは、子どもの行動を何でも許容するということではありません。今この子にとってこの経験が必要かどうか、その子の成長過程を見続けながら、その場の状況や子どもの年齢や経験に応じて、穏やかに伝えることもあれば、危険だったり、誰かの心身を傷つけたりする状況には毅然とした態度で注意したり叱ったりするなど大人が規範を示し、他者への配慮や公共のルールは伝えながら、子どもが自分で考えた、豊かな発想からうまれる遊びを楽しむ余白を大事にするということです。子どもには自ら考える力、自ら育っていく力があり、それを信じて見守ることができる大人の存在が必要です。子どもは自分を信頼して守ってくれる大人の存在に対する安心感があってはじめて、失敗を恐れずに挑戦できるのです。

先日、すでに成人し大人になっている卒園児との何気ない会話のなかで、「やまとの撮った写真からは、一人ひとりを認めてくれているまなざしを感じるよ」という言葉をかけられました。

自分で言語化はできていませんでしたが、そう言われると、たしかに私は被写体の一つひとつの場面を肯定したかったり、一人ひとりの存在や表現を肯定したい気持ちが根っこにあって写真を撮っていることに気づかされました。その思いが、成長したのちに、被写体であった子どもたちに伝わっているとすれば、これ以上の喜びはないと思った言葉でした。

5　子どもの権利を代弁する

二〇二三年の日本の出生数は七二万七二七七人で、データがある一八九九年以降で最少となりました。一九七六年うまれの私の世代の出生数が約一八三万人、現在二〇歳の二〇〇四年うまれの世代で約一一一万人という推移を見ると、急速に少子化が進んでいます。全人口に対する〇～一四歳までの子どもの比率は約一二％まで下がり、子どもの割合が低いことで、今以上に大人の都合が優先されて子どもの権利が軽視される社会になっていくことを危惧しています。

年齢別に分けられた生活環境が当たり前になっている社会のなかで、同年代の人との付き合いが中心であるために子どもと大人の分断が広がり、子どもの遊び場が狭められたり、遊ぶ声がうるさいという苦情が寄せられたりするなど、子どもが子どもらしくあることが否定される場面が多くなっていないでしょうか。

大人は右肩上がりの成長や結果を重んじますが、子どもにも、挑戦したり失敗したり、大人に過度に干渉されない権利があります。「教育」とは子どもが自ら試行錯誤して失敗から学ぶ機会を与えることなく、大人の望む方向にコントロールすることではないと思います。

大人は、遊びが学びであるとか、子どもの「○○力」を育てるために遊ばせる、と考えがちですが、私自身の子ども時代をふりかえって考えると結果的に○○に役立ったということはありますが、先読みしてそのために遊んでいたわけではありません。大人が先回りしすぎるのは順序が逆になってしまうのではないでしょうか。

保育を語るときに、「子ども中心に」という言葉が多く使われていますが、「子ども中心」であるためには、大人が子どもをどれだけ受容できるかが問われます。大人にも心の余裕がなければ、子どもを受容したり、成長を待ったりすることが難しくなります。禁止や否定の言葉を多く受けて育った子と、そうでない子との間には、発達に大きな差が見られるという調査結果も報告されています。

子どもは社会の宝、といわれますが、本当に大切にするというのはどういうことか、短期的な結果だけにとらわれるのではなく、長期的な見通しをもって人を育てることに社会全体が向き合って真剣に考えることが必要です。

今の子どもも、やがて大人になります。誰にでも子ども時代があるのですが、大人になると忘れてしまうこともたくさんあります。私は、自分自身が被写体となった子ども時代の写真が多く残っていて、そこから当時の記憶を鮮明に思い出すことができます。写真はその当時の空気を閉じ込めるタイムカプセルのようなもので、育ってきた過程の記録でもあります。写真から子ども時代の経験を思い出せると、私自身がそうであったように、その経験を大事にするきっかけになるのではないでしょうか。それが未来の子どもたちにつながって、さらにその先の子どもにも引き継がれていく、そんな願いをもっています。

自分が肯定されて育った、という記憶や記録が残ることが、未来の子どもたちの権利を守ることにつながるのではないか、その循環をつくっていきたいと考えています。

子どもをあらわすことが、今の子どもと大人の間にある壁を取り払うこと、そして未来の大人と子どもを支えることで、みんなの幸せにつながっていくことを願いながら、写真を撮り続ける日々です。

第6章

ドキュメンテーションにおける写真とは何か
——子どもをあらわす、子どもがあらわす、子どもとあらわす

浅井幸子

1 ドキュメンテーションにおける写真

展覧会「子どもたちの一〇〇の言葉」が二〇〇一年に開催され、レッジョ・エミリア市の幼児教育が広く日本で知られるようになってから二〇年が過ぎました。その間に、レッジョ・エミリアが日本の保育・幼児教育に与えた最も大きな影響の一つは、「ドキュメンテーション」という言葉の定着と、その実践の普及です。ドキュメンテーションは、イタリア語でdocumentazione、英語でdocumentationですが、一九八〇年代から九〇年代の早い時期のレッジョ・エミリアの紹介では、実は「記録」という言葉で訳されていました。[*1] そ

＊1　田辺敬子による一九八五年のレッジョの紹介「子どもの楽園を見つけた」、一九九七年の講演記録「レッジョ・エミリア市の保育」では、documentazioneは「記録」と訳されている。田辺厚子・青柳啓子（編）『田辺敬子の仕事——教育の主役は子どもたち』社会評論社、二〇一四年。

れに対して、とりわけ「子どもたちの一〇〇の言葉」展が開催されてからは、「ドキュメンテーション」とカタカナで表記されるようになっています。[*2]

レッジョ・エミリアの教育の記録が、「記録」ではなく「ドキュメンテーション」と呼ばれるようになったとき、その違いはどこに見出されたのでしょうか。換言すると、レッジョ・エミリアの記録に「ドキュメンテーション」という固有名に近い名称を与えるときに、その固有性はどこに見出されたのでしょうか。

日本において、ドキュメンテーションと呼ばれる保育の記録を特徴づけているのは、写真への着目です。日本の伝統的な保育記録は、主として文章で記されてきました。それに対してレッジョ・エミリアの展覧会やその図録では、写真がかなりの分量を占めていて、鮮やかさと美しさをもってその教育と学びの様相を伝えています。もちろん、ドキュメンテーションの特徴が写真だけにあるわけではありません。教師は子どもたちの活動を、カメラだけでなく、メモ、絵、レコーダー、ビデオなどを用いて記録しています。また、どのような道具を用いるかということ以上に、事後の記録ではなく渦中の記録であること、傾聴（listening）を確立するためのものとして意味づけられていることなど、ドキュメンテーションの重要な特徴は他にも多くあります。[*3]

しかし、写真は確かにドキュメンテーションを特徴づけています。そこで本章では、ドキュメンテーションにおける写真とは何かということを問いたいと思います。写真はどのようにドキュメンテーションに用いられるようになったのでしょうか。また、ドキュメンテーションのプロセスにおいて、写真はどのような役割を果たしているのでしょうか。これらの問いは、よりよく伝えるための写真という理解を超えて、写真がもたらすビジュアルな視点の可能性を照らし出します。それればかりではありません。カメラは扱いやすいので、かなり小さな子どもでも写真を撮影することができます。そのため、ドキュメンテーションにおける写真への着目は、子どものドキュメンテーションへの参加という位相を照らし出すことにもなります。ドキュメンテーションにおいて、「子どもをあらわす」ことと「子どもがあらわす」ことの関係を探索すること、そして「子どもとあらわす」というアイデアを描き出すことが、本章のもう一つの目的です。

2　子どもをあらわす――記録への写真の導入

レッジョ・エミリアの幼児教育をローリス・マラグッツィと共に作りあげてきた人物に、ペダゴジスタのカルラ・リナルディとアトリエリスタのヴェア・ヴェッキがいます。彼女たちは共に、一九七〇年にその職

＊2　その背景として、一九九〇年代にdocumentazioneが国際的に注目され、特徴的な記録であることが認識された事実を指摘できる。
浅井幸子「トランスナショナル・ドキュメンテーション」幼児教育史学会（監修）、小玉亮子・一見真理子（編）『幼児教育史研究の新地平（下）――幼児教育の現代史』萌文書林、二〇二二年、三二七－三五四頁。

＊3　Rinaldi, C. (2001). Documentation and Assessment: What is the Relationship?. In Project Zero and Reggio Children. *Making Learning Visible: Children as Individual and Group Learning*. Reggio Children, pp. 78-89.
秋田喜代美「レッジョ・エミリアの教育学」佐藤学・今井康雄（編）『子どもたちの想像力を育む――アート教育の思想と実践』東京大学出版会、二〇〇三年、七三－九二頁。

浅井幸子「評価への『抗体』としてのドキュメンテーション――価値・意味生成・翻訳」『教育学研究』第八六巻第二号、二〇一九年、二四九－二六一頁。

につきました。彼女たちの証言によれば、その当時、写真はまだ用いられていなかったといいます。では、写真はどのようにして用いられるようになり、何をもたらしたのでしょうか。リナルディがペダゴジスタの立場から、ヴェッキがアトリエリスタの立場から語っている経験を聴いてみましょう。

写真とドキュメンテーションの成立

まず、リナルディの写真の経験を見ていきます。リナルディによれば、レッジョ・エミリアの教師たちは、一九七〇年代初頭にマラグッツィの提案でクラスの日記をつけることになりました。書き始めた当初は、その意味は明確ではありませんでしたが、教師たちは次第に日記の記述と使用を発展させていきました。具体的には、教師としての専門性を高めることを目的とする研修で日記を読み合ったり、家族とのミーティングで日記を用いたりするようになります。そのプロセスで、日記に写真が用いられるようになります。

これらの取り組みが進むにつれ、出来事に参加していない読者と共有するために、これまであまりに暗示的で曖昧に書かれていた注釈を、より明確で読みやすいものにする必要が出てきた。教師たちは、出来事を正確に捉えるために、メモ帳をポケットに入れて持ち歩き、取り出して素早くメモをとれるようにした。後にそれを詳しくして子どもたちの日記に記入するのである。そのように素早く「メンタル・スナップショット」をとろうとする試みから、物事が起きた重要な瞬間のイメージを保存するために、カメラでスナップを撮るというアイデアが生まれた。教師には、状況のなかで重要なものごとを記録するために、写真の理解を深め、適切なタイミングで写真を撮ることが要求されるようになった。そうした写真への取り組みから、写真や絵や教師たちによる文章を日記に掲載することで、ある出来事をめぐる多様な視点を捉え、比較や議論を促すということを思いついた。[*4]

リナルディは続けて、これは「我々が今日認識しているドキュメンテーション」の、最初の、しかしいまだ十分ではない特徴を示していると述べています。ここで着目したいのは、よりよく伝えるために写真を使うという言葉では表現しきれない複雑なことが語られている事実です。写真が使用されるようになったのは、確かに、出来事に参加していなかった人、たとえば他の保育者や保護者に経験を共有するためです。しかし彼女の文章を注意深く読むと、写真の意義は、伝える文脈よりむしろ、記録する文脈に見出されています。それはポケットのメモと同じように、「出来事が起きた重要な瞬間のイメージ」を保存するために用いられます。また、写真から「多様な視点」というアイデアが生み出されています。すなわち写真は、絵や文章と共に日記において一つの出来事を語る複数の視点を構成し、対話を可能にするものとして意味づけられています。

視覚的言語の探究

アトリエリスタのヴェッキは、リナルディとは少し違う視点から写真の導入を語り、写真を子どもの絵の使用と重ねるかたちで意味づけています。先に述べたように、一九七〇年に彼女が働き始めた頃、レッジョ

*4　Rinaldi, C. (2009). Reinventing Laura: An Educational Diary in a Reggio Emilia Nido. In C. Edwards, & C. Rinaldi (Eds.), *The Diary of Laura: Perspectives on a Reggio Emilia Diary*. Redleaf Press, pp. 9-17.

の幼児学校では、写真はまだ用いられていませんでした。彼女はそのことについて、「私は、子どもたちを観察しながら何ページにもわたってメモを書いたこと（私はまだ写真を使っていませんでしたし、学校の他の人も使っていませんでした）、そしてマラグッツィがそのメモをすべて注意深く読み、同じように注意深く子どもたちの絵をもう一度見たことを、今でも覚えています[*5]」と回想しています。写真が用いられていなかったばかりではありません。当時は、子どもの絵を実際に見ることなく子どもの絵が語られていました。

ヴェッキは、絵を使って視覚言語を探求することが不可欠だと考えます。

そこで私は、子どもたちの原画を収めた大きなカードアルバムを作り、それをめくりながら話をするという安価な視覚的サポートの方法を見出しました。なぜ当時、写真を撮ったり、スライドを投影したりすることを誰も考えなかったのか、私にはわかりません。今となっては歴史の不思議です。アトリエリスタはイメージを用いずにイメージを語ることはできません。[*6]

一九七〇年代の模索を通して、写真はレッジョ・エミリアの幼児教育になくてはならないものになっていきました。『ひとつの街、たくさんの子ども』には、「写真は、学校や乳児保育所での日常生活、出版物、子どもたち一人ひとりのノート、子どもたちの会話が書き取られた文章と共に、『第二の皮膚のように』壁に貼られたドキュメンテーションにおいて、コミュニケーションの重要な要素になった」と記されています。一九七七年には、「子どもの体験と研究――自己と世界の発見」と題された写真展が開催され、有能で、力強く、でも少し不自由な子ども時代のイメージが表現されました。[*7] そして一九八一年に、ストックホルム現代美術館で「眼が壁を越えたら」（のちに、「子どもたちの一〇〇の言葉」）展が開催されます。ヴェッキによれば、このときにはすでに、写真は「文脈や雰囲気を伝えるための重要な要素」になっていたといいます。[*8]

ヴェッキもリナルディと同様に、複数の様式で記録が行われることの重要性に言及していますが、強調点は異なっています。ヴェッキによれば、写真は再現不可能です。しかし、音声記録のトランスクリプトを読み返すときに、他の写真が必要だったことに気づくことがあるといいます。その場合は、記録の「ポストプロダクション」の段階で写真を撮り直し、プロセスの詳細を再構築します。ここで重視されているのは、記録として表現することが教師の専門的成長において意義をもつということと、「視覚的言語」がコミュニケーションにおいて意義をもつということです。

なお、ヴェッキはこの「視覚的言語」ということについて、「子どもたちの不思議な街へのまなざし（A Mysterious Glance of Children on the City）」と題された二〇〇八年のプロジェクトを例に挙げつつ、多様な年齢の子どもが環境を読み、それを写真で再現したことに言及しています。[*9] ここで、写真の撮影者が教師から子どもへと変わっていることに注目したいと思います。「視覚的言語」という位相においては、写真を撮影するのが教師であるか子どもであるかということに、ほとんど差異はないかのようにも見えます。

＊5　Vecchi, V. (2010). *Art and Creativity in Reggio Emilia*. Routledge, p. 109.
＊6　Vecchi, ibid., p. 110.
＊7　Reggio Children. (2012). *One City, Many Children*. Reggio Children, p. 113.（レッジョ・チルドレン、森眞理・小玉亮子（監修）『ひとつの街、たくさんの子どもたち』北大路書房、二〇二五年刊行予定）。
＊8　Vecchi, op. cit., p. 133.
＊9　Vecchi, op. cit., pp. 137-138.

3 子どもがあらわす——写真を撮る子ども

レッジョでは子どもも写真を撮影しています。私たちはそれを、展覧会の図録やプロジェクトの記録に頻繁に見出すことができます。子どもやその活動の大人によって撮影された写真が「子どもをあらわす」と表現されるならば、そこには「子どもがあらわす」と呼ぶべき様相が織り込まれています。

子どもの視点としての写真

子どもが写真を撮る姿の最も早い例の一つを、「ライオンの肖像を作る」のビデオ・ドキュメンタリーに見ることができます。子どもたちが街の広場のライオンの石像を訪問し、ライオンに登り、スケッチを行い、粘土でライオンの手の型をとります。さらに、ライオンの影を紙に写し、テープを使ってライオンの高さを測ります。このような一連の活動の初期にスケッチを行った際に、子どもがインスタントカメラでライオンの石像の写真を撮影している姿が映し出されます。一人の子がカメラを構えて撮影し、像がフィルムに映し出される様子を数人の子どもが見つめ、撮影した子が写真と像を見比べています。[*10] この動画は、プロジェクトが行われた一九七八年に、すでに写真が子どもの用いる言語の一つになっていたことを示唆しています。

一九八六年の複数の幼児学校が参加したプロジェクト「街と雨」では、子どもと教師が街の親しみのある場所とない場所の写真を撮り、雨の降っていない街を探索して、雨がそれをどのように変えるか仮説を立てています。[*11] 一九九一年に行われた「群衆」のプロジェクトでは、劇、粘土、グラフィックとさまざまな方法で群衆が表現されているなかに、「子どもたちが写真に撮った群衆／群集」が含まれています。子どもたちは、人が広場や駅に集まっている写真や、家や自転車や豚が多く集まっている写真を撮影しています。[*12]

子どもがカメラで写真を撮影する場面は、デジタルカメラの普及に伴って日常化したようです。「驚くべき学びの世界」展では、「幼児学校の一日」のビデオで、子どもたちがデジタルカメラで自分たちの写真を撮影し、コンピュータに取り込んで「変身」させている様子が見られます。また「場所との対話」の記録の冒頭には、「国際センターのための芸術家たちの写真」と題して、子どもたちの撮影した三五枚の写真が並べられています。それらの写真が捉えているのは、床と走る子どもの足の少しブレた写真、外へと続く階段とガラスのドア、トイレ、照明、斜めに低くなる天井とその下でかがむ子ども、壁の工事中の電源、円柱の並ぶ空間、ネガポジの反転した顔、枯れ木と工事用クレーンの見える窓などです。それらの写真には、「子どもが視覚的に空間を探索するときに用いる観点や、子どもたちがどこに目を止めるかということ、子どもたちの意見によれば何がその場所を象徴するのかといったことを見るのは興味深い」との言葉が付されています。[*13] 子どもたちによる写真が、子どもたちのものごとの見方を知らせるものとして意味づけられているこ

---

*10 Commune di Reggio Emilia. (1987). *To make a portrait of a lion* [Video]. Reggio Emilia.

*11 Gandini, L. (1993). Educational and Caring Spaces. In C. Edwards, L. Gandini, & G. Forman (Eds.), *The Hundred Languages of Children: The Reggio Emilia Approach to Early Childhood Education*. Ablex Pub.

*12 レッジョ・エミリア市乳児保育所と幼児学校、田辺敬子・辻昌宏・木下龍太郎（訳）『子どもたちの一〇〇の言葉――イタリア／レッジョエミリア市の幼児教育実践記録』学習研究社、二〇〇一年、一五五頁。

とがわかります。

ヴェッキは、デジタルカメラの登場で子どもたちの「環境に対する感性」を、子どもたち自身の撮影した写真を通して知ることができるようになったと述べています。そして、「一つの色を大切にして写真全体をその色で埋め尽くす」、「窓から差し込む光に強いこだわりをもつ」といったように、予想もしていなかった視点が現れたことを報告しています。[*14]

デジタルカメラの可能性

二〇一〇年代になると、デジタルカメラを含むデジタルメディアの可能性を探究するプロジェクトが行われています。その記録『境界を越える――生きものとの出会い、デジタル・ランドスケープ』[*15]には、デジタルカメラで対象物を撮影する子どもの姿が数多く登場しています。ジャンニ・ロダーリ乳幼児保育所の子どもたちは、デイジーを摘む代わりにカメラで撮影しています。アリス乳幼児保育所の子どもがカタツムリの写真を撮影している写真には、「僕は写真をしている……カタツムリと」という子どもの言葉が添えられています。パブロ・ピカソ乳幼児保育所の子どもが木と空にカメラを向けている写真には、「カメラと共に在る眼差しは、空間を探して動き回り、文脈を再構成する」というキャプションがつけられています。子どもたちは、他にもさまざまなものにカメラを向けています。木の「目」、飛行機雲、葉っぱ、壁の傷、ライトテーブルの上の構成物、小川など。

デジタルカメラの従来のカメラとは異なる可能性について、カリャリの「研究ノート」は次のように述べています。

デジタルカメラは一種のハイパーアイとなり、子どもたちは同じ被写体に対して複数の異なる表象を作り出すことができる。実在の表象は現実そのものに近く、関係性の構築、比較、対話、そして私たちが知っている対象への新しい解釈をサポートする。デジタルカメラやスキャナーを使えば、実在から取り出したイメージ、素材、色、形をコンピュータに取り込むことができ、それらを修正したり、豊かにしたり、互いに混ぜ合わせたり、自分の描いたものを取り込んだりして、これまで想像もできなかった新しい質の知覚を作り出すことができる。[*16]

ここではデジタルカメラが、抽出や変形や混ぜ合わせを通して「新しい質の知覚」を生み出すものとして意味づけられています。デジタルツールは、子どもに経験とアイデアに形を与え、それらが相互作用する手段を提供するものです。子どもの描画や絵や立体作品、言語的な語りや物質的な語りを増殖させ、生命を吹き込み、変形します。このような、子どもたちが自ら探し出し、創造するバリエーションを通して、子どもたちが知りつつある対象との新しい関係が可能になるのです。

＊13　Preschool of the Municipality in Reggio Emilia and Reggio Children. (2011). *The Wonder of Learning*. Reggio Children, p. 22.（佐藤学（監修）、ワタリウム美術館（編）『驚くべき学びの世界』株式会社ACCESS、二〇一一年）。
＊14　Vecchi, op. cit., p. 87.
＊15　Preschools and Infant-toddler Centers – Istituzione of the Municipality of Reggio Emilia and Reggio Children. (2019). *Bordercrossings: Encounters with living things Digital landscapes*. Reggio Children.
＊16　Preschools and Infant-toddler Centers – Istituzione of the Municipality of Reggio Emilia and Reggio Children, ibid.

ところで、この小文には、デジタルツールがドキュメンテーションにもたらす変化への言及があります。「子どもたちのプロセスや作品は、より簡単に記録され、小さなドキュメンテーションや『マルチメディア』の形のコミュニケーションになる」というのです。本章の関心に即すなら、デジタルカメラは子どもの作品とドキュメンテーションの移行を容易にするということになります。

ドキュメンテーションとしての写真

子どもの撮影した写真がドキュメンテーションになること。その様相は、「朝の集まりのたくさんの顔」と題されたプロジェクトの記録に見ることができます。このプロジェクトは「ポートレートの製作」と題された写真のプロジェクトから展開されたものです。子どもたちは友達の写真を撮影します。最初は正面から撮影していましたが、その後、表情やポーズ、変わった視点や大胆なアングルが採用されるようになり、より生き生きとしたポートレートが撮影されるようになります。続く「朝の集まり」の調査は、集まりを行っている子どもたちの姿を、二人の子がデジタルカメラで撮影するところから始まっています。撮影者の構えるカメラは、他の子の目や手をクローズアップし印象深く捉えています。

本章が着目したいのは、ビデオの解説に含まれている「ドキュメンテーションの再訪」と題された小文です。このプロジェクトがセミナーやカンファレンスなど複数の形で発表されてきたことに触れつつ、そのように多様な物語の可能性が開かれたのは、子どもと大人の学びのプロセスの教育ドキュメンテーションを注意深く設計し構築した結果だといいます。そして「ドキュメンテーションはプロジェクトへの参加の一形態であり、子どもと大人が知識を構築する方法を解釈し、再考することを可能にする」と述べています。ここでは子どもと大人の学習や知識構築は、ほとんど区別されていないように見えます。実際に、この後に続く文章は、教師の役割がドキュメンテーションによって構成される際に、切り離されていた物事を結びつけて「認知革命」を可能にすることに言及し、続いて子どもに言及しています。

しかし、ドキュメンテーションの可能性と使い方は、子どもたちを直接巻き込むものでもある。子どもたちはドキュメンテーションを使って、熟練したダンサーのように、言語を織り交ぜ、次から次へと移動する。先述のような認知の境界線の多くは、ドキュメンテーションと過去の体験の再確認のおかげで、子どもたちによって発見され占拠される。私たちは、このような再考の時間、ピースを組み立てる時間、メモを見返す時間は、研究への魔法の扉の一つであると信じている。[*17]

この解説には、パソコン上で、あるいはプリントアウトされた写真を何人かで検討する子どもたちの写真が含まれています。その様相は次のように説明されています。「子どもたちはパソコンで写真を見返すことで、友達の唇の形を発見し、絵を描くのに役立てる。また、プリントアウトされた写真は、粘土で作る髪の毛に形を与える」。ここに含まれるドキュメンテーションは、写真だけではありません。子どもたちは朝の集まりのフレーズを読み返します。また粘土で作った椅子を参照し、そのことが描画への遠近法の導入を可能にしています。ここには子ども自身による写真を含む諸作品が、子どもによって再訪され、「ドキュメンテーショ

*17　Preschools and Infant-toddler Centres – Istituzione of the Municipality of Reggio Emilia and Reggio Children. (2017). *The Many Faces of the Assembly* [DVD]. Reggio Children.

ン」として機能する様相が記述されています。

一九九〇年代に、国際的な共同研究においてドキュメンテーションが主題化されるなかで、ドキュメンテーションは一般的な教師の省察のための記録とは異なること、事後的な記録ではなく学びの過程に位置づく渦中の記録であること、教師のみならず子どもたちの教育と知識構築の過程において基底的な役割を果たすことが示されてきました。ドキュメンテーションは、子どもと、教師をはじめとする大人による知識の共同構築を可能にするものとして位置づけられています[*18]。そのことをふまえるなら、ここにあらわれているような大人と子どもによるドキュメンテーションは、それほど奇異ではないように思われます。

ただしヴェッキは、カメラを用いて子ども自身がドキュメンテーションを行うというアイデアについて、否定はしないにせよ、慎重な検討を求めています。彼女は、子どもたちがクラスメイトの作品のデジタルカメラによる記録に挑戦していることに言及し、次のように述べています[*19]。子どもたちがドキュメンテーションのプロセスに取り組むことが何を意味するのか、自分たちはまだ十分に検討も評価もしていない。子どもたちがより幼い頃から、「自分の個人的な戦略」に注意を払うことに慣れるなら、学びの経路にどのような変化が起きるのか。大人の役割を真似ることとは、子どものアイデンティティとかけ離れているのではないか。子どもたちは、大人が表現していないと思い込んでいる要求を解釈することに長けているので、誤解は容易に生じうることが懸念される。義務教育段階の子どもには良い方法かもしれないが、幼い子どもたちにはどうだろうか、と[*20]。ヴェッキのコメントは、ドキュメンテーションの特徴が学びの戦略への着目にあることを示しつつ、そのようなメタレベルの行為を子どもが行うなら何が起きるのかを確かめる必要があることを提起するものとなっています。

以上の議論からわかるのは、子どもの作品とドキュメンテーションは重なりをもっているが、完全に重なるわけではないということです。教師はドキュメンテーションにおいて、子どもたちと共に世界を探究し、同時に子どもの学びを探究します。その二重性が、ここにはあらわれています。

4　子どものドキュメンテーションへの参加

写真を通して子どもがドキュメンテーションに参加するというアイデアは、レッジョ・インスパイアの実践において積極的に発展させられています。以下、アメリカのハーバード・プロジェクト・ゼロの「目に見える学習者」プロジェクト、スウェーデンの就学前学校のドキュメンテーションの手引き、アリソン・クラークとピーター・モスが開発した幼い子どもの声を聴くための研究法「モザイク・アプローチ」を見ていきま

＊18　浅井、前掲書（＊2）。
＊19　ヴェッキはどのプロジェクトであるかを明記していないが、同氏の本（＊5）が出版される少し前に行われていた「The Times of Time」のプロジェクトは、子ども自身が友達の作品を記録する試みにあたるかもしれない。これは国際的な写真展、ヨーロピアン・フォトグラフィ（European Photography）の一部として行われたプロジェクトであり、乳児保育所、幼児学校、小学校の子どもたちと大人が参加した。そのビデオ作品は、子どもたちの写真や子どもたちが撮影した写真からなり、そのなかの動画には子どもの絵を子どもが撮影する様子も含まれている。
Reggio Children. (2011). *I TEMPI DEL TEMPO (THE TIMES OF TIME)* [DVD]. Reggio Children.
＊20　Vecchi, op. cit., pp. 154-155.

す。それぞれの文脈において、写真は、子どもの参加の主要な手段として捉えられています。

「目に見える学習者」プロジェクト

「目に見える学習者（Visible Learners）」は、アメリカの芸術教育の研究所ハーバード・プロジェクト・ゼロにおけるレッジョ・インスパイアのプロジェクトです。グループ学習の実践と、学びのプロセスとプロダクトのドキュメンテーションを結びつける実践が、どのように子ども、教師、コミュニティにとって強力な教育と学習を導くかを検討しています。レッジョ・エミリアとプロジェクト・ゼロは、一九九〇年代末から共同研究を行ってきました。その第一フェーズが、一九九七年から三年間、ドキュメンテーションをテーマとして行われた共同研究「学習を可視化する（Making Learning Visible）」です。[*21] ドキュメンテーションによる可視化がもたらす経験の豊かさを目の当たりにして、プロジェクト・ゼロのメンバーは、他の場所や異なる学校種の子どもがそのような経験に参加することができるか、その戦略が年長の子どもにも役立つかという問いをもちました。そしてアメリカの教師たちと協力し、メモ、写真、ビデオ、トランスクリプト、生徒の作品を記録しました。『目に見える学習者』[*22]は、その一〇年間の取り組みを基盤として記された本です。

この本において、写真は、子どもたちのコミュニケーションをサポートするもの、とりわけ言葉に苦労している子どものコミュニケーションを可能にするものとして意味づけられています。幼稚園で行われた「雪玉」のプロジェクトは、クラスの子どもたちが雪玉を作り壁に沿って並べたところから始まります。教師はその写真を撮影し、翌日、子どもたちに共有して説明するよう頼みます。子どもたちは「雪玉を並ばせている」と言いました。この「並ぶ」という言葉は、子どもたちにとって、園の生活を通して親しみ深いものとなっていました。こうして写真は、共通言語のない英語学習者の子どもたちをこれまでにない形で議論に巻き込みます。そこで教師は、雪玉の写真で本を作成しました。子どもたちはそれを使って、お互いに物語を語りました。[*23] K‐2特別支援学校の事例では、写真が、言語に困難を抱える子どもと保護者のコミュニケーションをサポートしたことが報告されています。主に子どもが、一部は教師が撮影した写真は、親が学校での経験を質問する際の視覚的な刺激となりました。たとえば、これまでは「今日の体育はどうだった？」と尋ねられたときに「何？」「体育？」と単語で返していたという子が、写真を用いて「見て。私は体育館で遊ぶよ。青いボールを持っていたの。私はついて行って、アンは私についてきたの。私は走ってるよ」と語ったのです。[*24]

もちろん写真には、より一般的な意義も見出されています。出来事に参加していた人にとって、写真の画像は記憶や個人的な説明を刺激するものです。そして経験の感情的で審美的な特質を捉えた画像は、そこにいなかった人をそれらに引き込みます。また写真は、単一の瞬間や一連の瞬間に注意を促し、観察と分析を深める点に強みをもつとされています。ただし観察と分析を捉えた瞬間に制限する点は弱点でもあり、音が

*21　Project Zero and Reggio Children. (2001). *Making Learning Visible: Children as Individual and Group Learners*. Reggio Children.
*22　Krechevsky, M., Mardell, B., Rivard, M., & Wilson, D. (2013). *Visible Learners: Promoting Reggio-Inspired Approaches in All Schools*. Jossey-Bass.
*23　Krechevsky et al., ibid., pp. 80-81.
*24　Krechevsky et al., ibid., p. 89.

重要な場合はビデオが望ましいともされています。[*25]

子どものドキュメンテーションへの参加

スウェーデンの学校庁が二〇一二年に出したドキュメンテーションの手引き「就学前学校のモニタリング・評価・発展——教育ドキュメンテーション」には、子どもがデジタルカメラを構えてこちらを向いている写真が掲載されています。[*26] このことが示しているように、スウェーデンの幼児教育では、子どもによるドキュメンテーションが積極的に試みられています。その模索の背景には、評価ツールとしてのドキュメンテーションというアイデアと、子どもの参加の重視があります。

スウェーデンでは一九七〇年代末という早い時期からレッジョとの交流が始まりました。一九九三年からは、レッジョと共同でストックホルム・プロジェクトが行われ、その成果が一九九八年に成立した最初のナショナル・カリキュラム「就学前学校カリキュラム（Lpfö98）」に盛り込まれています。[*27] このカリキュラムが二〇一〇年に改訂された際に、「フォローアップ、評価、発展」という項目が新設され、「ドキュメンテーション」が位置づけられました。具体的には、「就学前学校の質の向上は、継続的かつ系統的なドキュメンテーションの作成とフォローアップ、評価と発展によってなされるべきである」との文言が入り、就学前学校は、子どもの成長と学びを観察して「ドキュメンテーション」を作成することとなりました。[*28] 特徴的なのは、その評価において、「子どもの視点」と「子どもと親の参加」が求められた点です。カリキュラムは、評価の目的が「就学前学校の質」にあることを示したうえで、「どのような形の評価であっても、子どもの視点で実施されなければならない。また、子どもと親は評価に参加すべきであり、彼らの声が取り上げられるべきである」と述べています。[*29] ただし、ここで用いられた「ドキュメンテーション」という言葉は、必ずしもレッジョ・インスパイアの「教育ドキュメンテーション」[*30]を意味しているわけではありません。ですから、すべての就学前学校でレッジョ・インスパイアの記録が試みられたわけではありません。

そのような状況で、二〇一二年に先述の手引き「就学前学校のモニタリング・評価・発展――教育ドキュメンテーション」が作成されています。これは単なる「ドキュメンテーション」ではなく「教育ドキュメンテーション」を支援するもの、すなわち、そうとは明示されていませんが、レッジョ・インスパイアのドキュメンテーションを前提とするものです。手引きによれば、教育ドキュメンテーションは、子どもたちの間で生起していることに「耳を傾ける」ことから出発し、それを記録することで可視化します。そのために写真

---

*25 Krechevsky et al., ibid., pp. 143-144.

*26 Skolverket. (2012). *Uppföljning, utvärdering och utveckling i förskolan: Pedagogisk dokumentation*. p. 44.

*27 Dahlberg, G., Moss, P., & Pence, A. (1999). *Beyond Quality in Early Childhood Education*. Routledge.
白石淑江・水野恵子『スウェーデン　保育の今』かもがわ出版、二〇一三年。
太田素子「レッジョ・インスピレーションとスウェーデンの幼児教育」『和光大学現代人間学部紀要』第一〇巻、二〇一七年、五九－七五頁。

*28 白石淑江「スウェーデンの教育的ドキュメンテーションとは何か」『愛知淑徳大学論集――福祉貢献学部篇』第一一巻、二〇一九年、三九－五〇頁。

*29 白石・水野、前掲書（＊27）、一九五頁。

*30 スウェーデンでは、レッジョ・インスパイアのドキュメンテーションを「アーカイブ」としての記録と区別するために、「教育ドキュメンテーション（pedagogisk dokumentation）」と呼んでいる。
Dahlberg, G., & Elfström, I. (2014). Pedagogisk dokumentation i tillblivelse, *Pedagogisk Forskning i Sverige*, 19(4-5), 268-196.

やメモをとり、子どもの学習過程や戦略を記録するのですが、ここで、大人だけでなく子どももまた、自分たちの活動の記録と検討に携わることが重要だと述べています。子どもたちは記録において何が見落とされているのか。子どもたちが最も重要だと感じているのは何で、何にチャレンジしたいと考えていると考えているのか。手引きは、テキスト、映像、写真について子どもたちと対話し、次の方向性を導き出すことを促し、「ドキュメンテーションを教育ドキュメンテーションにするのは、まさに議論と対話である」といいます。[*31] この文脈において、デジタルカメラは、操作が容易であり、「子どももスタッフも使うことができる」ツールとして位置づいています。そして写真を撮ることは、「会話」を開くだけでなく、撮影自体が進行中の取り組みに関与する一つの方法であるとされています。[*32]

子どもの声を聴く――モザイク・アプローチ

スウェーデンの教育ドキュメンテーションの手引きと同様に、モザイク・アプローチと名付けられた研究のアプローチもまた、子どもの参加という文脈に写真を位置づけています。ただし前者が取り組みへの参加を保障しようとするのに対して、モザイク・アプローチは子どもの保育施設における経験や、子どもの保育施設の見方を明らかにする研究への参加を保障しようとするものです。[*33]

モザイク・アプローチは、一九九九年から二〇〇〇年にかけてイギリスで行われた研究「幼い子どもの声を聴く」において、クラークとモスによって開発されました。この研究は、三歳と四歳の子どもを対象として調査を行い、その声に応えて子どもの有能さを認識するサービスを発展させようとするものとして始まりました。その後モザイク・アプローチは、より幼い子どもや親、難民の子どもなどにも適用されています。

モザイク・アプローチの特徴は、幼い子どもの強みを生かすために、書き言葉や話し言葉だけに依存することなく、多様な方法を組み合わせて声を聴く点にあります。具体的には、観察（ナラティブな説明）、子どものインタビュー（一対一またはグループで行われる短い構造化インタビュー）、子どもの写真と本作り（子どもが撮影した「重要なもの」の写真と個人の本を作るための画像の選択）、子どもによるツアー（子どもが案内し記録するツアー）、地図作り（子どもの写真と描画を用いた場所の二〇の表現）、インタビュー（保育者と保護者へのインフォーマルなインタビュー）が挙げられています。[*34]

モザイク・アプローチにおける写真は、参加型の視覚的方法として位置づけられています。その可能性は、言葉で伝えるのに苦労する子どもに、「写真を撮ったり、選択した画像で地図を作成したりすることは、より強い『声』を提供する」と表現されています。同時に写真の使用は、「幼い子どもが誇りをもつことのできる完成品を生み出す機会」を提供するともいいます。子どもは大人の世界で写真が価値をもっていることを知っているからです。[*35]

---

*31　Skolverket, op. cit., p. 15.
*32　Skolverket, op. cit., p. 49.
*33　Dahlberg, G., & Moss, P. (2005). *Ethics and Politics in Early Childhood Education*. Routledge, p. 158.
*34　Clark, A. (2017). *Listening to Young Children Expanded Third Edition: A Guide to Understanding and Using the Mosaic Approach*. National Children's Bureau, pp. 31-34.
*35　Clark, ibid., p. 46.

5 子どもとあらわす

レッジョ・エミリアのドキュメンテーションおよびレッジョ・インスパイアのドキュメンテーションにおいて、写真は「子どもをあらわす」だけでなく、「子どもがあらわす」ためのものです。写真は、書き言葉や話し言葉を特権化しない「一〇〇の言葉」というアイデアと共に導入された言語の一つであり、子どもが取り組みに参加することを保障しています。

重要なのは、「子どもをあらわす」と「子どもがあらわす」が連続的にドキュメンテーションを構成している事実です。子どもの撮影した写真は、子どもの作品でもあり、同時に取り組みのプロセスで用いられるドキュメンテーションでもあるものとして位置づけられています。それが可能なのは、レッジョ・エミリアの教育において、子どもの取り組みと大人の取り組みが別のものとして切り離されていないからです。ローリス・マラグッツィは「学びと教えは、対岸に立って川の流れをただ見守るべきではない。代わりに、それらは一緒に水を下る旅に出るべきである」と述べました。[*36] 学びと教えが対立させられるのではなく、共に旅に出るからこそ、子どもの作品とドキュメンテーションは重なり合います。その位相を「子どもとあらわす」と表現できます。

しかし、ヴェッキが警告したように、「子どもをあらわす」と「子どもがあらわす」は、完全に重なりきるわけではないだろうことにも注意しておかなければなりません。教師はドキュメンテーションにおいて、子どもたちと共に世界を探究し、同時に子どもの学びを探究します。その二重性を幼い子どもたちが経験すること、すなわち世界を探究しつつ、自分たちの学びの方略を探究することが、幼い子どもたちの学びを深めるかどうかについては未知数です。実践に即しながら、慎重に検討を行う必要があるでしょう。

付記　本稿は科研費（18KK0059　23K20180）による研究成果の一部です。

---

*36　Malaguzzi, L. (1993). History, Ideas, and Basic Philosophy: An Interview with Lella Gandini. In C. Edwards, L. Gandini, & G. Forman (Eds.), *The Hundred Languages of Children: The Reggio Emilia Approach to Early Childhood Education*. Ablex Pub.

第7章　子どもの声が聴こえてくるとき

佐藤寛子

1　巣立ちの日

三月、五九名の子どもたちが園を巣立っていきました。卒園のその日、一人ひとり緊張した面持ちで証書を受け取り、保育室に戻った後、みんなで園庭に出て、思い切り走りました。いつもとは違う晴れ姿であることなどお構いなしに、カラー帽子をかぶって鬼ごっこ、竹馬、大縄跳び、砂場で水路づくり、モルモットの世話、夏みかん採り……。朝のうちは曇り空だったのに、太陽が顔を出し、園庭は陽だまりになりました。

三月に入った頃から、子どもたちは、あと何日、園で遊べるか、カウントダウンをし始めました。一日一日、やり残すことのないように大切に過ごしている気持ちが伝わってきました。ところが、「あと二日、遊べるね！」と帰っていったその翌日から卒園の前日まで、急な感染の広がりで、やむなく休園となり、子どもたちは自宅待機となりました。遊びたい気持ちを残したままで臨んだ卒園式。けれど、お休みになってしまったことへの不満など一切口にせず、一人ひとりその人らしく証書を受け取りました。

卒園式の後は、みんなで保育室に集まり、それぞれの手作りのアルバムを手渡しながら、今までの園の暮らしを振り返るのが例年の過ごし方でした。けれど、今回は、突然切り取られてしまった子どもたちの園での時間を、少しでもつなげて送り出したい、最後の時間は園庭で思い切り遊べるようにしようと、保育者みんなで決めました。

保育者も一緒になってひとしきり遊んだ後、帰りの集まりは、そのまま園庭に椅子を丸く並べて座りました。「けんかしても、ともだちだし……」「これからもなかよくね」など、子どもたちは、口々にみんなに伝えたいことを話しました。子どもたちの話が一段落すると、たいせいは、「最後にせんせいから。ありがたいことばをどうぞ！」と私に振りました。「ありがたいことば」のフレーズにみんなが笑い、私も笑いました。「ありがとう。みんな大事な仲間だね」。

幼稚園の玄関をいよいよ出るとき、たいせいは、私に向かって手をあげ、「行ってきます」と言いました。続いて、はな、みゆきも「行ってきます」と手をあげました。みゆきの母親が、「行ってきますじゃないでしょ？　先生にありがとうございましたでしょ？」と言うのを聞いているのかいないのか、子どもたちは、もう一度「行ってきます」と言い、笑って園を後にしました。

「行ってきます」「いってらっしゃい」「ただいま」「おかえり」は、子どもたちと私たちの間で何度もくりかえし交わしてきたやりとりでした。保育室から園庭へと「行ってきます」と出かけていく子どもたちに、「いってらっしゃい」と私が返すこともあれば、園庭から「ただいま～」と戻ってきた友達や私を、保育室で遊んでいた子どもたちが「おかえり～」と迎えてくれることもありました。

巣立ちのとき、子どもたちが放った「行ってきます」にいつものように「いってらっしゃい」と返し、私はその後ろ姿を見送りました。今までのように「ただいま」と戻ってくることはないのだということを、みんなちゃんとわかっているうえで放った「行ってきます」でした。いつもより軽やかな、いつもより力強い「行ってきます」に、子どもたちはどんな思いを込めたのでしょうか。園での時間を充分に過ごし、希望をもって新しい世界へと「じゃ、行ってくるから！」と自分の足で一歩を踏み出す合図の言葉だったのかもしれないなぁと振り返り感じています。

「子どもの声が聴こえてくるとき」というテーマをいただき、日々の子どもたちとの関わりを振り返りながら、ずっと考え続けています。子どもたちの表情や動き、発した言葉、その奥にある彼らの思い、言葉にならない言葉。その人の思いを受け取りたい、その人の声を聴きたいと日々関わっているつもりですが、私は子どもの声をちゃんと聴いているのでしょうか。子どもの声を聴くって、いったいどういうことなのかしら？　など、つらつらと思いを巡らすことになりそうです。

2　手をつないで探す

「行ってきます」と言い残し巣立っていった子どもたちへの思いを残したままの私に春休みは容赦せず、あっという間に過ぎていきました。もう少しお休みが長ければ、気持ちの切り替えができるのになぁとこの時期はいつも思います。

そして訪れた四月。私は三歳児の担任となりました。不安と戸惑いでいっぱいの三歳児の表情と身体。けれど、同じくらい、何かおもしろいことはないかと期待いっぱいに、じっと眼差すその瞳に気圧されるように、新年度がスタートしました。

入園してきた三歳児のエピソードをご紹介します。

事例1　**「一緒にパパを探す」** 三歳児四月

クラス半数ずつの分散登園が終わり、初めて全員登園となった日の朝、ゆきえは父親から離れたくないと、保育室に入るなりぐずり始めた。少し残ってもらうように父親にお願いし、ゆきえと父親は、二人で保育室の縁台に座った。

この日は、朝からてんやわんやで、ゆきえの他にも、きょうこ、あいも母親から離れたくないとぐずり、私は、用事があって残れない母親から二人を引き取り抱きかかえていた。あきらや他の子どもたちも、決して安心して過ごしているわけではないので、そちらにも気持ちを向けながら、助けに入ってくれた他の保育者と、少しでも安心できる落ち着いた雰囲気になるようにと、必死に子どもたちと関わっている状況だった。それでも、しばらくすると、徐々に子どもたちが遊び始め、いくらか室内が落ちついてくると、ゆきえは父親から離れ、ままごと遊びをし始めた。その様子を見て、父親はすっと立ち上がると、ゆきえに気づかれぬようにそっと保育室を出て行った。しばらくして、父親がいなくなっていることに気づいたゆきえは、大声で泣き始めた。

こんなとき、他の子どもたちは保育者が近づいていくと、泣きながらも「頼るしかない」と身体を預けてくることが多いのに対して、ゆきえは、こちらが近寄ろうとすると離れ、「パパがいい！」「せんせい、きらい、こないで！」と泣き叫ぶ。「そうだよね。パパがいいよね」と声をかける。パパがいいのはわかるけれど、今、ゆきえを引き受けるのは自分しかいない。嫌がるゆきえから、とにかく離れないようにしないと……と、覚悟を決める。

「大丈夫。パパは絶対にお迎えに来るから」と言いながら抱き寄せようとすると、ゆきえは身体をそらせ、さらに大声で泣いた。さすがに気持ちが萎えそうになり、私は、ゆきえを抱えていた手を離した。私から逃れ、保育室から出て行こうとするゆきえに、咄嗟に「ゆきえちゃん、一緒にパパを探しに行こう！」と手を出した。すると思いがけず、ゆきえは私の手を握り返してきた。

ゆきえの父親を探すために保育室を出ると、あとから、きょうこ、あきらもついてきた。

「パパ、トイレに行った」とゆきえが涙目でしゃくりあげながら言うので、ひとまずみんなでトイレに行く。端から扉を開き、「いないね～」をくりかえす。

このままいるはずもない父親を探し続けていいのだろうか……。最後の扉を開け、いよいよ父親がいないとわかったときに、ゆきえはどうなるのだろう……。そんな気持ちがよぎる。

すべての扉を確認し終えるか終えないかのタイミングで、私は急いで「違うところにいるのかもしれないね。探しに行こう」と声をかけた。ゆきえは、とりあえず、私の提案を受け入れてくれた。この先どうすべきか、良いアイデアも浮かばぬまま教材室の前を通ると、年中組の担任と子どもたちが見えた。

「ゆきえちゃんのお父さんを探しているのだけれど、知っていますか？」と声をかける。年中組担任は、ゆきえの表情と私の切羽詰まった様子から状況を察し、父親の特徴を聴いてくれた。「背が高くて……顔は丸くて……」など私が伝えるのを、ゆきえはよく見て聴いている。「見かけたような気がする……」と年中組担任。「みつけたらきっと知らせてね」とお願いし、また探しに出かける。となりの年長組担任と子どもたちが製作をしていた。背中に羽根を着けた人たちもいて、ゆきえはその様子をよく見ている。「ゆきえちゃんのお父さんを探しているのだけれど、見ましたか?」と再び聞くと、「お父さんがいないの?」「お迎え来るから大丈夫だよ」と年長児の数人がゆきえに声をかけてくれた。年長組担任も、見つけたら教えてくれると約束してくれた。このあたりから、ゆきえはだいぶ落ち着いてきて、涙も引いてきた。年長組保育室を出ると、ゆきえは、くるっと向きを変え、自分の保育室に戻り始めた。

途中で、年長児のお店屋さんが目に入る。折り紙で折ったハートやチューリップや犬が、ボードに並んで貼られている。「ハートください」と私が言うと、そばにいたけいたが「チューリップをください」と言う。「何色がいいですか」と年長児。そのやりとりを見て、ゆきえは、「ピンクのハートがいい」と応え、目の前で折ってもらうと、大事に保育室に持ち帰った。

保育室に戻ると、ゆきえは製作机に腰かけ、白い紙に、パパの顔を描いた。

翌日も、ゆきえは、保護者との別れ際にやはり涙を見せました。けれど、私に素直に身体を預け抱っこされながら、気持ちを切り替え、遊び始めるようになりました。この日を境に、私のなかでも彼女との関わりに、少しだけ迷いがなくなった気がします。お休みが続いた翌日の朝は、やはり父親と離れ難い様子が見られますが、自分から父親に「ばいばい」と手を振り、「お庭に行こう!」と私のもとに走ってくる日が増えてきました。

父親と離れたくないと泣き叫ぶゆきえを、あの日、私はなんとか支えたい、抱きかかえて守りたいと思いました。けれど、それは、ゆきえの求めている気持ちに応えることにはなりませんでした。「パパを探しに行こう」と差し出した私の手を、ゆきえが握り返し、手をつないで一緒に歩き出したとき、私は改めて、父親が突然いなくなったゆきえの不安な気持ちや戸惑いを、身体を通して感じることになりました。行く先々で出会った人たちに、父親のことを尋ねるときには、とにかく私は必死でした。出会った誰もがちゃんと話を聴き、真剣に考え応えてくれる、そのことに、ほっと安心し、救われた気持ちになりました。記録を読み返すたびに、なんとかしないと……と必死だったあのときの自分の感覚が蘇ってきます。

　ところで、あのときのゆきえや周りの子どもたちは、いったいどんな気持ちだったのでしょうか。冷静になって振り返ってみると、父親がもはや園にはいないであろうことを、おそらく、ゆきえは早くにわかっていたのではないかと思われます。一緒に探す友達や、親身になって話を聴いてくれる他学年の保育者や子どもたち、そして、なんだか必死な私に、途中からは、付き合ってくれていたような気がするのです。

　そして、おもしろいことに、ゆきえのパパ探しについてきたあきらやきょうこは、その後、私や友達をトイレに連れて行き、扉を一つひとつ開けては、「いないね〜」と言って、顔を見合わせ笑う遊びを、くりかえし楽しむようになりました。ゆきえの父親を探し歩いたあの時間、必死だったのは、もはや私一人で、子どもたちにとっては遊びのなかでの出来事になっていたのだとしたら、それはそれでよかったのかもしれません。

　「一緒にパパを探しに行こう」とゆきえと手をつなぎ、いるはずもない父親を探し歩いたときに、私は、ゆきえの声にならない声が聴こえてきたような気がしています。彼女の不安や戸惑いが身体を通して伝わってきて、私の身体の感覚として浮かび上がってくるといった感じでしょうか。

ゆきえと手をつなぎ、一緒に探すという行為は、いないことが明らかな父親を見つけることが目的だったのではなく、手をつなぎ一緒に探し歩くこと、そのこと自体に意味があり、ゆきえとつながる大事なことだったのだと改めて感じます。

そして私たちの「探す」を放っておかずに受け止め、関わってくれた周りの子どもたちや他学年の保育者の存在があったからこそ、いないものを探すという、二人きりだったら、とても苦しい出来事が、緩やかな遊びとなって、私たちの今につながっています。

3 入れ替わる

身体を通して子どもの思いに触れたように感じた出来事で思い出されるエピソードがもう一つあります。これもまた入園間もないころの三歳児との間で起こった出来事でした。

事例2 **「せんせいも、こわくないからおいで」** 三歳児四月

朝、たかこは母親に抱かれて保育室に入ってきた。「今朝、足が痛いと言って……。歩けないみたいなんです」と心配そうな表情の母親。どこかにぶつけたわけでもなく、痛くなる要因が思い当たらない様子。本人に聞いても「わからない」と言い、「こんなことってあるんでしょうか?」と母親は私に聞いてきた。

「どうしたのかな？　おかしいですね。気持ち……かな」と応える。心配そうな母親に比べ、たかこの表情はなんとなく明るい。先週までの硬い表情とは明らかに違っていた。「幼稚園には行きたいって言うんです」と母親が言うので、幼稚園に来るのが嫌で痛くなったのではないようだ。私が両手を差し出すと、たかこはすんなりこちらに移ってきた。「様子を見て、おかしいなと思ったら、連絡しますね」と母親に言い、そのままたかこを引き取った。

「足、痛いんだ……。幼稚園来るの大変だったね」と言いながら、しばらくたかこを抱っこしたまま、私は他の子どもたちとやりとりしたり、一緒に遊んだりしていた。たかこは、私に抱かれながら、周りの様子をよく見ている。おもしろいことがあると、声をあげて笑ったりもしていた。（この人、ほんとうは、痛くないんじゃないかな？）と思い、試しにそーっとたかこを床に下ろしてみたが、その途端、たかこは「いたい！　いたいのぉ！」と足をすくめ、顔をゆがめる。「ごめんごめん」と言い、足をさすろうとすると、「いたいの！」とさらに涙ぐむので、「痛かったね。ごめんね」と慌てて抱っこした。抱っこするとすぐに涙は引き、ふわーっと力を抜いて、たかこは私に身体を預けてきた。

製作机で絵を描いている子どもたちに呼ばれ、たかこを抱いたまままそばまで行った。たかこは私に抱かれたまま、痛いはずの足にぐんと力を入れて、身を乗り出すように友達の様子を見る。（やっぱり、痛くなさそう……）「たかこちゃんも、絵、描く？」と聞くと頷いた。

園庭に出ていた子どもたちに呼ばれ、製作机の椅子にたかこをそーっと座らせた。たかこは自分から手を伸ばし、机にあった画用紙を取る。私がクレヨンを近くに置くと、せっせと絵を描き始めたので、私は急ぎ、園庭に向かった。

園庭の子どもたちとのやりとりを済ませ、置いてきてしまったたかこが気になり、急いで保育室に戻ると、たかこはまだ楽しそうに絵を描いている。私が近づくと、「お山（園庭の高台）に行こうかな」と言ってきた。「いいね！　行こう行こう！」と私が先に立ち上がると、「ほら！　足、痛いんだから……」と言って私に向かって両手を差し出す。「そうだったね～」と言い、抱っこした。

園庭に出たものの、砂場のレストランに声をかけられ、石を拾っている人たちからは手伝ってほしいと言われ、なかなか進まず、お山にたどり着くまでずいぶんとかかってしまった。それでも、たかこはその道中を楽しんでいるようで、抱っこされながらご馳走を食べ、石を拾った。

「あ～やっと着いたね」とお山のイチョウの木のそばの丸太にたかこをそ～っと座らせ、横に私も座る。一緒に来たさちこ、かの、いつの間にか一緒になったけいじろうやゆきはるも座る。目の前のログハウスから年中児が出てきて、「入っていいですよ」と声をかけてくれる。「いいんだって。行ってみようか？」と私が言うと、さちこ、かのが張り切ってログハウスのなかへ入っていった。二人に遅れぬよう、私もたかこを抱っこしてついて行った。すっと入り口からなかに入るさちこ、かのと違い、身体が大きいうえに、たかこを抱っこしている私は、すんなりとは入れない。たかこをおなかの下に抱えるようにして身をかがめながら入ろうとするが、なかなかきつい。「う～ん、重いなぁ～」とつぶやいたら、たかこは自分から下りた。（お！　いよいよ歩くかな？　しめしめ……）と心のなかで喜んでいたが、たかこは立ち上がらずに、這い這いでなかへと進む。（這い這いか……）とがっかりしつつ、あまり先を急がず、もう少したかこの抱っこに付き合おうと私は覚悟を決めた。

私の前を這い這いで進んだあと、たかこはしばらく薄暗いログハウスにさちこやかのとたたずんだ。私も一緒にぎゅっと入り、狭いなかで顔を見合わせ笑った。すると突然、「こちらが出口ですよ～」とまたさっきの年中児が顔をのぞかせた。「はーい」とさちこ、かのが外に飛び出す。たかこは、その勢いに押されるように出口まで這い這いで進み、半分身体がログハウスの外に出たくらいのところで、突然自分から立ち上がった。

　自分の足で立っているたかこに驚きながらも、気づかぬふりをして、私もログハウスの外に出た。ログハウスの先にある吊り橋にいるさちこ、かのが「せんせ～い」と声をかけてきた。「こんなのかんた～ん」とさちこ。「いやいや～ぐらぐらして危ないなぁ」と私が言うのを聞くと、たかこは「かんたんだよ～」と吊り橋で遊び始めた。「せんせいも、こわくないからおいで！」とたかこ。私の手を取り、吊り橋を渡る。その足取りはしっかりしていて、痛いのはもうどこかへ飛んでいったようだった。


　たかこの足の痛みの原因は、結局のところわかりませんでした。たかこの内側にある思いを、このときの私がちゃんと受け止められていたのかについても、今となってはよくわからないのが正直なところです。最初は、もしかしたら痛くないのではないかと半信半疑のまま、たかこの「痛い」に付き合っていた私ですが、そう感じている間は、たかこの足は、ずっと痛いままでした。「もう今日はずっと抱っこでいい。抱っこしよう」と私が覚悟を決めなければ、たかこはこの日、自分から立ち上がることはなかったかもしれないと、そんな気がしています。

　この出来事は、思い返すたびに不思議な気持ちになり、忘れることができません。「入っていいですよ」とログハウスのなかへと誘い、しばらくして「こちらが出口ですよ」と進むべき方向を指し示してくれた年中児の存在。ログハウスの薄暗い空間。身を寄せ合ってたたずんだ時間。どれもが、いつもの園の日常とは、少し違った空気を伴って思い出されます。ログハウスに入る前までは、歩くどころか立ち上がることすらできず、私がいないとどこへも行かれずにいたたかこが、ログハウスのトンネルで私から離れ、這い這いで進み、やがて立ち上がって歩き出す。ログハウスを出た先にあるぐらぐらする吊り橋では、友達に続いて、「せんせいも、こわくないからおいで」とたかこは、私の手を取り進むのです。

子どもたちがお山と呼んでいる園庭の高台は、園舎を出てすぐに広がる庭とは趣が異なり、大イチョウに守られ、ゆっくりとした時間の流れる空間です。その場所で、すでに遊んでいた年中児や一緒にいた友達の動きに誘われるように、たかこと私は、ログハウスのなかへと入っていきました。そして、たかこは、私の抱っこから下り、這い這いで進み、ログハウスのトンネルを抜けるそのときに、自分の足で立ち上がり、外の世界へと一歩を踏み出していきました。たかこの、この姿からは、幼稚園の暮らしを受け入れ、自分の歩みを始めようとする三歳児なりの意思を感じます。その姿に圧倒されている私に、たかこは、さらに「せんせいも、こわくないからおいで」と声をかけ、私の手を取り、ぐらぐらする吊り橋を渡りました。たかこの放った言葉で、足が痛くて歩けなかったのは、私のほうだったのかもしれないと錯覚するような感覚をもちました。たかこの身体の感覚と重なるというか、入れ替わるというか、そんな不思議な体験でした。

不安や戸惑いから、一歩を踏み出す勇気がもてないときに、「こわくないから大丈夫だよ」とそっと手を差し出し、共に歩いてくれる人の存在が、こんなにあたたかく安心できるものだということを、私は、たかこと入れ替わってみて改めて知ることになりました。

たかこは、この四月から一年生になりました。小学校の先生から、眼科検診でたかこが泣いたとうかがいました。「幼稚園のときもやったでしょ?」との問いかけに、たかこは、「もう、幼稚園のことは昔すぎて忘れちゃったよ」と応えたようです。

新しい世界との出会いに敏感な面は変わらないまま、今のこのときを、彼女なりに受け止め、自ら一歩を踏み出そうとしている気持ちが伝わってきます。幼かった頃の、あの日と同じです。その思いと歩みに寄り添いながら、今度は少し遠くから見守っていようと思っています。

4 子どもの声が聴こえてくるとき

子どもの声は、聴こうとしなければ聴こえてこないけれど、聴こうとしたからといって聴こえてくるわけではないような気がしています。

先に挙げた二つのエピソードは、どちらも、入園間もないころの三歳児との関わりを記したものです。三歳児ゆえなのかもしれませんが、いずれもはっきりと子どもの声が聴こえてきたわけではありません。けれど、どちらも、関わるなかで、その子どもの思いに触れることができたような、改めて出会えたような、何か目の前が開いたような、そんな感覚をもった出来事でした。こんなとき、私は記録を書きたい、言葉にして残しておきたいという衝動に駆られるようで、いつもはなかなか進まないペンがわりとすらすら進み、こうして記録が残っていきます。

言葉でのやりとりが増えてくる四、五歳児に比べ、言葉でのやりとりではなかなか関係がつくりにくい三歳児との間では特に、子どもたちと身体の感覚が重なったり、入れ替わったりすることが多い気がしますが、こうした身体の交感のようなことが起こったときに、その子どもの内なる声に気づかされ、その子どもの声が聴こえてきたように感じることが、私は往々にしてあります。

身体の感覚の重なりや入れ替わりが起こるときには、私は決まって覚悟を決めていることにも気づきました。ゆきえの場合は、父親を一緒に探すこと、たかこの場合は、歩けない状態にちゃんと付き合うこと。つまり、子どもの生きる今の流れに身を委ねる覚悟です。父親がいなくなってしまったゆきえの戸惑いや不安を、抱きかかえることで受け止めようとしたり、痛くて歩けないたかこを何とか立たせて歩かせようとしたりしていたときの私は、まだ自分の考えのなかで振る舞っていて、ゆきえやたかこの生きる時間に身を委ねる覚悟がありませんでした。

子どもの生きる今の時間や空間に身を置いてみると、その世界が、とても豊かでおもしろいことがわかります。普段は必要なときしか開けないトイレの扉を、端から順に開けていく。しかも一人でではなく、みんなで開けていく。開けてはのぞき、「いないねー」と顔を見合わせる。その動作を繰り返すことで、リズムが生まれ、よくわからないけれど楽しくなるあの感じは、大人の暮らしのなかでは、なかなか味わえません。ログハウスのトンネルのなか、薄暗い狭い空間で身を寄せ合うだけで笑いがこみ上げてくるあの感じもしかりです。

そんな子どもたちとのおもしろい時間を共に過ごしながら、しかし、そこに浸りすぎてしまうと、逆に子どもの声は聴こえなくなってしまうのが難しいところです。

どうしたら、ゆきえは父親のいないこの状況を彼女なりに受け止め、気持ちを切り替え遊び出せるようになるのだろう。どうしたら、たかこは自分の足で立ち上がり、その一歩を踏み出してくれるのだろう。そのために私は何ができるのだろう……と頭の片隅でずっと考え続けながら、子どもたちの生きる今の流れに身を委ねてみる。その覚悟が決まったときに初めて、子どもの声が、思いが、身体を通して伝わってくるように思います。

5　子どもたちとのこれから

身体の感覚が重なったり、入れ替わったりすることは、子ども同士でも起こるようです。四歳児クラスを受け持ったときの印象的なエピソードを最後にご紹介します。

事例３　「入れ替わった二人」　四歳児六月

帰りの集まりの時間、保健室（兼絵本の部屋）に行き、なかなか保育室に戻ってこないゆうすけを迎えに行った。なんとなく所在なく過ごしていたさとるが一緒についてきた。ゆうすけは保健室のソファーの背に隠れて私が来る様子をうかがっていた。

「ゆうちゃん、どこかな？」と私が言うと、養護教諭が笑いながら「さぁ、どこでしょう？」と、ゆうすけがいるほうをちらっと見て答えた。

「くっくっくっ」と笑いをこらえる声が聞こえたので、「見つけた！」とゆうすけを抱きかかえた。

「さぁ、お部屋に戻ろう！」と誘うが、ゆうすけは、読みかけの恐竜の本を読み終えるまでは戻らないと言い張る。「ゆうちゃん、みんな待ってるのよ」と声をかける。すると、ゆうすけは「ぼくは、ゆうちゃんじゃないです」と突然言ってきた。いつもと違った丁寧な言い方がおかしかったが、それにならって私も丁寧に「では、いったいあなたはどなたですか？」と尋ねてみた。するとゆうすけは「ぼくは、さとるです」と、私と一緒にいたさとるの名前を言う。突然名前を呼ばれたさとるはやや戸惑った様子。

「それじゃ、あなたはいったいどなたですか？」と、今度はさとるに名前を聞いてみた。すると、「ぼくは、ゆうすけです」と、さとるは、ゆうすけに合わせるように言い、二人で顔を見合わせて笑った。入れ替わった二人をさぁどうしたものかと思いつつ、

「ゆうちゃんも、さとるくんも、よく知っていたはずなんだけど……おかしいなぁ。まっいいか。それじゃ、ゆうちゃん（本当はさとる）、さとるくん（本当はゆうすけ）、みんなに紹介したいので、どうぞお部屋にいらしてください」と、とりあえず保育室に誘ってみた。

二人は顔を見合わせてちょっと確かめるようにし、まずは（さとるになっている）ゆうすけが「いいですよ」、続いて（ゆうすけになっている）さとるが「いいですよ」と言い、私のあとに続いて手をつないで保育室に戻った。いつもは進まない帰りの身支度も、入れ替わった二人は実に楽しそうに、さっさと行う。ゆうすけはさとるのカバンを背負い、さとるはゆうすけのカバンを背負って、二人並んで姿勢良く席についた。が、しばらくすると、「やっぱり、これは違うな」と言い、それぞれ自分のカバンに持ち替えた。

ゆうすけもさとるも、三歳児クラスからの進級組でしたが、三歳のときは、二人は別々のクラスでした。クラス替えがあったり、担任が替わったり、新しい友達が入ってきたりと、環境が変わり、それぞれに戸惑っていた頃の出来事です。帰りの集まりで、保育室を飛び出し、保健室に隠れるゆうすけ。彼は私が探しに来

るのを待っていました。進級しても、担任は替わらず私のままでしたが、ゆうすけへの私の関わりは、昨年までとは大きく変わりました。新しく入園してきた子どもたちへの対応で私は手いっぱいでした。保育中はほとんど手がかからず遊んでいたゆうすけでしたが、帰りの集まりの時間になると、保育室を飛び出し、私が迎えに来るのを隠れて待つ日が続いていました。さとるは、四歳児クラスになってから受け持つことになり、まだ私とは少し距離がありました。この日は、頼りにしていた友達の隣に座れずに、所在なく立ち尽くしていたのですが、私がゆうすけを迎えに行くのに気づいて自分からついてきました。やりとりのなかで、まさか二人が入れ替わるとは、全く予想していませんでした。彼らはおそらく互いの所在ない気持ちを感じ取っていたのではないかと思います。降園時間も迫るなか、どうしたら二人を保育室に戻せるか、どうしたら、気持ちをこじらせずに楽しく帰すことができるかと、私は悩んでいました。ゆうすけの誘いにさとるが戸惑いつつも応える様子を見て、私も二人に歩調を合わせてみようと思いました。クラスの子どもたちが、入れ替わった二人を、そのままにおもしろがりながら受け入れていく様子もとても興味深かったです。みんな二人の思いに少なからず共感するところがあったのかもしれません。この出来事をきっかけに、ゆうすけとさとるは急接近し、互いに誘い合ってよく遊ぶようになっていきました。

＊

「子どもの声が聴こえてくるとき」というテーマで、子どもたちとの関わりを振り返り考えてきました。子どもの声にならない声、言葉にならない言葉、その内にあるその人の思いに、身体を通して触れることができたような、感じることができたような、そんな瞬間が、保育のなかでは少なからずあります。けれど、子どもの声がはっきりと聴こえてきたわけではなく、「これが、あのときのあの人の思いです」と言い切れることなど実際にはありません。結局は、本当のことは何もわからないままなのだなと感じます。

「入れ替わった二人」のエピソードで、ゆうすけとさとるは入れ替わり、いつもと打って変わってスムーズに帰りの支度を進めます。けれど、互いのカバンを身につけた瞬間、「ちょっと違うな」と感じ、それぞれのカバンに持ち替えました。友達のカバンを身につけることで、他者との違いに気づく、それは同時に、自分の感覚と改めて出合うということでもあったのでしょう。私もまた、私の感覚で子どもたちと関わっているということをどこかで意識していることが大事なのだと、彼らは教えてくれているような気がします。自分の感覚で気づいたことであり、結局のところ、本当のことは何もわからない。けれど、わからないからこそ、もっと知りたい、その人の声を思いを受け取りたい、そのためにどうしたらよいのかと考え続けながら、これからも、日々の子どもたちとの関わりをおもしろがって過ごしていこうと思っています。

第8章

「声」からはじまる保育
——あらわれる子どもと私の関係のなかで

松井剛太

「子どもをあらわすということ」という深遠なタイトルを聞いて、私の心にあらわれてきたのは、思いもよらなかった昔の記憶でした。自分語りになってしまいますが、少しお付き合いください。

小学三年生のときの話です。私はひどく寝付きが悪い子どもでした。布団に入っても何度も頭の位置をずらしたり、上を向いたり横を向いたり、枕を引っくり返したりして、なかなか寝付けませんでした。母親はその原因を推測して、日中に体を動かすようにしたり、部屋の照明を変えたり、妹と離して寝られるようにしたりなど、いろいろと対応をしました。最終的には、枕を新調して寝付きが良くなりました。「良質な睡眠には枕が大切だ」という原理に行きついた母親は、その後も事あるごとに、子どもたちに合った枕を探してくれていました。

さて、この話ですが、「小学三年生の子どもは枕が合わず不眠でしんどい思いをしていた」とか「不眠の息子に対して、母親はたいそう心配していろいろと対応してたいへんだった」という話として理解されるものと思います。つまり、「子どもの不眠」とか「就寝時の親の対応」といったカテゴリーに分類されるエピソードとして残るということになります。

ただ、この話には別の説があります。実は、当の本人は不眠でしんどい思いをしていたのではなく、楽しくて寝られなかったというものです。

小学三年生だった私には、毎晩楽しみにしていたことがありました。それは、毎晩開催される「枕VS私」です。「枕」と「自分」、今日こそは勝ってやるぞ、とワクワクしていたのです。勝負は簡単です。枕が「ひんやり」している間に眠りに就くことができたら私の勝ち、「ひんやり」した部分があたたかくなってしまうまで寝られなかったら「枕」の勝ちです。この枕は思いのほか強敵でした。「ひんやり」を感じて眠れそうになるのですが、もう眠れそうだというときに頭の熱でぬるくなります。一回戦は、枕の勝利。続いて二回戦。枕をずらして再び「ひんやり」を感じます。「あー、気持ちいい、眠れそうだ……」となりながら、結局二回戦も枕の勝利。三回戦、四回戦……。もう表の面は全部あたたかくなってしまった。今度は枕を引っくり返して、「ひんやり」した部分と五回戦。「今日も枕、強えーわー」。

「子どもをあらわす」と聞いて、なぜか浮かび上がってきたエピソードです。せっかくなので、これを手がかりに「子どもをあらわす」ということについて述べていきます。

1 おもてに出てこない〈この〉性

本章の筆者、私〈松井剛太〉は、保育現場における障害のある子どもの支援を主な研究テーマとしています。私が子どもをあらわすことに迫られるのは、巡回相談のときです。毎月たくさんの保育所・幼稚園・認定こども園に訪問して、たくさんの子どもたちと出会う機会があります。保育のおじゃまにならない程度に、子どもと遊びます。すると、その子どものことで何だか身体的にいろんなことが感じられた気がします。そして、私が感じたことを何とか言語化して保育者に伝え、一緒に保育を考える時間をもちます。

そのとき、私にはその子どものことを「うまく」伝えたいという欲求というか使命感のようなものが生まれます。ここでいう「うまく」というのは、その子どもがしていた行為を客観的な記述体のように正確に言葉にするということではありません。誰でも同じように再現できる言葉ではなく、共に過ごした〈この〉子どもについて言葉を紡ぎたいと思うのです。

私たちが物や人について、「取り替えがきかないこれ」として個体を見るとき、〈この〉性[*1]（this-ness）があらわれるといいます。[*2]そして、〈この〉性は、一般的な説明を積み重ねる記述主義で説明しきれるものではありません。たとえば、私の身近な人が〈松井剛太〉という人を別の誰かに知ってもらう場面に出くわしたとき、「香川大学の先生で、幼児教育を専門にして、……」といったように一般にイメージしやすい説明を連ねていくことが多いと思います。そして、そういった説明を多く重ねれば重ねるほど、それを聞いた人は少しずつわかってくる感覚になると思います。ただし、そういった一般的な説明をいくら積み重ねていっても必ず説明しきれない何かが残ります。

＊1　第４章では、ドゥルーズの此性を「一回限りの世界」として示している。本章では、他者とは違う一人限りの在り方を指すものとして、ドゥルーズの此性を解釈した國分らの主張をもとにして、〈この〉性と記載した。

＊2　國分功一郎・熊谷晋一郎『〈責任〉の生成――中動態と当事者研究』新曜社、二〇二〇年、六二‐七一頁。

松本は、このように説明しきれずに残る剰余のことをクオリア（質感）と表現し、それがその人の〈この〉性を支えていると述べています。[*3] ここで冒頭のエピソードを思い出してください。〈松井剛太〉という人を伝えるのに一般的な説明を続けていった際、「小学校三年生のときに寝付きが悪かった」は、一般的な説明記述として登場しうるように思いますが、「小学三年生のとき、枕VS私、を楽しんでいた」というのは到底出てこないでしょう。

一般的な説明は、ある出来事を類似の事例に属するカテゴリーの一つと捉えて表現されます。「寝付きが悪い」というのは、多くの人がその経験をイメージしやすいですが、「枕VS私」というのは、そこから詳しいエピソードを掘り下げないと理解しがたいという固有性が存在します。

私は子どもと関わるときに、その子どもには、一般化しようとしても説明が付かないような何にも属さない側面があり、そのおもてに出てきにくい〈この〉性をあらわしたいのだと思います。

2 子どもの「声」を意識する

一般的な説明には該当しないような〈この〉性を探るためには、子どもの「声」を意識することが必要だと思っています。保育の中心にあって揺るがない「子どもを理解する」ということ。それは、一般化された便利な基準で子どもを測定するのではなく、その子どもには、世界がどのように見えているのか、何を感じているのか、その固有性を理解しようとする行為であるからです。

まず、子どもの声とは何かについて触れておきます。子どもの声（view）という概念は、子どもの権利条約において、権利主体として子どもを位置づけるという子ども観の転換により、子どもたちの社会への参加や意見表明権を保障する点から広く知られるようになりました。国連の子どもの権利委員会によって、年齢や能力、その他の背景にかかわらず、すべての子どもに保障されていることが示されています。したがって、子どもの声とは、子どもが発する言葉のみを指すのではなく、子ども自身の興味・関心や要求と、それを相手とのやりとりを通じて表現する行為の総体であり、一人ひとりの子どもには違いがあることを前提に大人によって聴きとられることによって初めて具体化するものです。[*4]

では、それを踏まえて保育現場で子どもの声をどのように聴くのか、最初に私が試してみたのは、写真投影法という方法でした。これは、クラーク（Clark, A.）らによって提唱された[*5]モザイク・アプローチの一方法で[*6]、写真という媒体を通して、子どもの見方や感性を読み取るものです。[*7]具体的には、年中児・年長児の

＊3　松本卓也「自閉症スペクトラムと〈この〉性」鈴木國文ほか（編）『発達障害の精神病理Ⅰ』星和書店、二〇一八年、四三－六四頁。

＊4　松本博雄「〇歳児の〝声〟を聴きとる――「発達」の視点を手がかりに」『発達』第一六六号、ミネルヴァ書房、二〇二一年、二一－二六頁。

＊5　子どもの声を聴くためにモザイクのようにさまざまな手法を組み合わせて保育実践に反映させるアプローチである。具体的には、子どもへのインタビュー、子ども自身が園の環境を撮影した写真、園内のツアーやマッピング、園での生活に関して小さなおもちゃを使ったロールプレイ、保護者へのインタビューなどが挙げられている。子どもたち一人ひとりが意思決定者であり、生活の主体として存在しているという観点から考案された。

＊6　第６章でモザイク・アプローチについて詳述されている。あわせてご参照いただきたい。

子どもたちがカメラを持って、生活している施設で自分の好きな場所や遊び場の写真を撮影します。そして、保育者がその写真を見ながら子どもと話をして、どうしてその場所を撮影したのか理由を探ります。

実際にやってみると、「ああ、子どもたちはこんなことを感じていたのか」と思うことがたくさんありました。ある女児はブランコの写真を撮り、「立ちこぎしたり、二人乗りしたりするのが好き」と理由を述べました。しかし、その施設では、入園後の一か月間は安全上の理由でブランコは取り外しておくという習慣があり、そのときはブランコでは遊べない状況でした。つまり、ブランコが付いていない枠だけの写真を撮ってきて、そのような理由を述べたのです。また、別の男児は、「水を運ぶのが好きだから」という理由で砂場の写真を撮りました。それまで砂場で水を運ぶ行為は、砂を湿らせるとか、川を作るとか、別の目的のための手段に過ぎないと思っていた保育者は、水を運ぶこと自体を楽しむという感覚でいる子どももいるということに気づくことができました[*8]。

写真投影法で聴きとった子どもの声から、一人ひとりの子どもの見方や感性に大きな価値があること、そして自分とは異なる感じ方に触れることができました。そして、その後の保育者との協議のなかで、写真投影法で聴きとった子どもの声のことを語り合ううちに、ブランコを外す習慣の意味を問い直すことや、砂場の環境のなかで水を運ぶことが楽しくなるような道具を探究するきっかけになりました。子ども一人ひとりの声を聴くことで、これまでの保育理念や無意識下で習慣化されていたことの見直し、また保育の場の意味を見直し、環境を変えていくきっかけになった実践だったといえるでしょう。

3　子どもの声が心に残る

写真投影法を行った翌年、別の形で子どもの声を聴く保育実践を行いました。写真投影法のように、特別に子どもの声を聴く機会を設けるのではなく、日常的に「聴こえてくる」子どもの声を記録しておき、なぜその声が「聴こえてきたのか」という理由も含めて協議するという方法です。言いかえれば、子どもの声をもとにした保育カンファレンスの実践でした。

手続きは次のとおりです。職員室の壁に四六判（七八八ミリメートル×一〇九一ミリメートル）の模造紙を貼り、施設の場所ごとに付箋を貼るスペースを区切っておきます。保育者は、保育を終えた後、その日の保育中に心に残った子どもの声を付箋に書き、聴こえてきた場所のスペースに貼ります。なお、付箋は色分けをしておいて、誰がどの記録をしたのかを一瞥してわかるようにしておきます。それを日常的に行い、月に一回程度保育カンファレンスを実施して、それまでに貼られた子どもの声から協議をします。

では、保育者の心に残ったのは、どのような声だったのでしょうか。約半年間の取組で五回の保育カンファレンスを実施しました。その間、模造紙には六九個の子どもの声が貼られました。そのなかでも、特に保育

＊7　Clark, A., & Moss, P. (2001). *Listening to young children: The mosaic approach.* National Children's Bureau Enterprises.
＊8　松井剛太・松本博雄（編著）『子どもの声からはじまる保育アセスメント――大人の「ものさし」を疑う』北大路書房、二〇二四年。

者の印象に残ったという二つを紹介します。

一つ目は、「さらこなしよう」と保育者を遊びに誘う声です。「さらこな」は泥団子を作るときに表面をコーティングするサラサラとした砂です。この子どもは普段から、さらこなづくりを楽しんでいる子どもで、保育者も「さらこなしよう」という声はよく耳にしていました。ただ、この日は状況が異なっていて、外がどしゃぶりの雨だったのです。保育者は思わず「雨だからできないよ」と言いたくなったそうです。でも、そこをグッとこらえて一緒に遊んだところ、さらこなづくりの道具で雨水を使って、「さらみず」づくりに変えて遊び続けたとのことでした。子どもの素材に対する感性や遊びの発想に感動し、自分も柔軟に考えていけるようにしたいと話されました。

二つ目は、「先生がもったら、怖いことと思っちゃうよ」という言葉です。これは、高い小屋の屋根に登ろうとした子どもを見た保育者が、危ないから支えようと思い、近寄っていったときに言われたことだったそうです。つまり、「先生が僕を支えようとして動くと、小屋に登ることは危険だということを意識して怖くなっちゃう」ということを表現したのです。保育者は、今まで良かれと思ってやっていた行為の意味を考えさせられたとのことでした。

この二つの例から、保育者の心に残るのはどのような声なのか。その声の特徴を考えてみると、二つの要素があるように思います。一つは、子どもがその子らしく自らの生活を切り拓く思いや感情が強く含まれているということです。どんな子どもにもそういった姿は日々見られると思いますが、なかでも「その子どもらしさ」、つまり、〈この〉性が感じられる姿です。そして、もう一つは、子どもが切り拓こうとしている未来を自分が危うく「遮りそうだった」という状況です。

子どもの側の「自らの生活を切り拓こうとする思い」と保育者の側の「遮りそうだったという思い」が相まったときに、保育者の心に子どもの声が残るのではないでしょうか。保育者が「遮った」ではなくて、「遮りそうだった」というのがポイントです。保育者が「遮った」場合には、その先にその子どもが自ら生活を切り拓く様子は見られないため、その子どもらしさが感じられず、心には残りません。また、保育者が「遮った」のを拒否して子どもが行動を起こすこともありえますが、そのときには、「やってほしくないことをやった子ども」として一般化して括られ、子どもの声は心に残らないと思います。つまり、自分が遮らなかったことで、その子どもらしさが発揮された文脈において、子どもの声の余韻――それは残影だったり、味わいだったりさまざまであろう――が心に残る、そういったときにその子どもがあらわれてくるし、同時に保育者自身の在りようもあらわれてくるのではないでしょうか。

4 子どもの声を聴く保育者の構え

先に述べたように、子どもの声は大人によって聴きとられることで具体化します。したがって、子どもを行為主体として尊重する保育の営みには、保育者が子どもの声をどのように聴きとるかが鍵となります。言いかえれば、子どもの声を聴きとる一人ひとりの保育者の構えによって、引き出される子どもの声は変わるということ、そして、それに伴って子どもの声を聴くという行為が保育実践に及ぼす影響はいかようにも変化すると捉えられます。

このような見方は、バフチン（Bakhtin, M.）の対話論[*9]に重なります。バフチンは、発話は必ず誰かに向けられる宛名性をもつとしています。それゆえ、言葉は独立的に話者の志向を反映せず、宛名となる対象と起こりうる後続のコミュニケーションと結びついています。ここでいえば、子どもの声は、宛名先である保育者のその後の反応を考慮されて表現されたものと捉えます。すなわち、保育者が聴いた子どもの声は、その子どもが一人で生み出したものではなく、保育者の構えによって引き出されたものと考えられます。[*10]

たとえば、写真投影法の実践です。子どもたちが園内の環境をどのように捉えているのかを知る実践だったわけですが、保育者の教示は、「園内で好きなところを写真に撮ってきて」というものでした。それによって、多くの子どもが「遊ぶのが好きな場所」を撮影しました。そして、保育者が理由を尋ねるなかでは自ずと、「どんなことをして遊ぶのが楽しいのか」「もっとやりたいことはあるのか」といったことを聴きとるようになっていきました。その結果、保育者は、子どもがやりたいことを実現できるようにすること、言いかえれば、「子どもの要望に応えようとする構え」のもとで、子どもの声を聴きとり、次の保育の工夫を考えることになったのです。[*11]そのような保育者の構えにおいて、子どもは「保育者に自分の要望を叶えてもらおうとする子ども」としてあらわれてきます。

このような関係は、子どもの声を聴くときに割とよく陥るものだと思います。写真投影法が組み込まれているモザイク・アプローチは、クラークとモスによって開発され、子どもたちの視点や信念を収集するための方法をいくつか提示した点で注目されました。その背景には、レッジョ・エミリアの「Pedagogy of Listening」（リスニング・ペダゴジー[*12]）の影響があります。モスはレッジョ・エミリアの実践の展開において歴史的な文脈を重要視しており、マラグッツィの経験したイタリアのファシスト独裁政権のことに触れています。[*13] そして、乳幼児教育は政治的な実践であり、大人が独善的に価値判断するのではなく、子どもも意思決定の一員に加わることの意義を主張しました。すなわち、子どもの声を聴くことの本来の意義は、大人と対等に自分の意見を言い、自らも社会を変えていく主体となる子どもを育てることにあります。

しかしながら、実際には、子どもが大人と「対等に」というのは困難です。Listening（注意を払って聴きとる）の主格は大人であり、話すこと、聴くことにおいて大人が先導せざるを得ない側面があります。したがって、モザイク・アプローチの使用においても、子どもの声は聴くけれども、最終的な意思決定の主体は保育者になる場合が多いことが示唆されています。[*14]

＊9 「発話は、言語コミュニケーションの先行だけでなく、後続の環ともむすびついている。発話が話者によってつくられるとき、後続の環はもちろんまだ存在していない。けれども発話は最初から、ありうるべきさまざまな返答の反応を考慮して構築されるわけで、本質的には、それらの反応のために発話はつくられるのである」ミハイル・バフチン「一九七〇－七一年の覚書」ミハイル・バフチン、新谷敬三郎ほか（訳）『ミハイル・バフチン著作集八巻　ことば対話テキスト』新時代社、一九八八年、一八〇頁。

＊10 Tertoolen, A., Geldens, J., Oers, B., & Popeijus, H. (2015). Listening to Young Children's Voices: The Evaluation of a Coding System. *International Journal of Educational Psychology*, *4*(2), 113-141.

＊11 松井剛太「子どもや保護者の声を聴く」『発達』第一五八号、ミネルヴァ書房、二〇一九年、二〇－二五頁。

＊12 Pedagogy of Listeningは、聴き入ることの教育や傾聴の教育学など、さまざまな訳が用いられている。ここでは、浅井に依拠し、リスニング・ペダゴジーとしている（松井・松本、前掲書（＊8））。

＊13 ピーター・モス／佐藤学「〈講演記録抄訳②〉レッジョ・エミリア再考」『発達』第一六二号、ミネルヴァ書房、二〇二〇年、一四－一五頁。

＊14 Rogers, M., & Boyd, W. (2020). Meddling with Mosaic: reflections and adaptations. *European Early Childhood Education Research Journal*, *28*(5), 642-658.

子どもの声を聴くことは、子どもが自身の生活に関わることの意思表明をしていく第一歩として、また保育者が子どもの見方や感性を知ることができるという点で大きな価値があります。ただし、「保育者に自分の要望を叶えてもらおうとする子ども」である場合、子どもは意思決定の場面において受け身になってしまうことが多くなるわけで、それをどこかで崩すことも必要になってきます。それを検討するため、「保育者に自分の要望を叶えてもらおうとする子ども」があらわれてくるとき、同時にその子どもと関わる保育者はどのような姿としてあらわれてくるのかを考えてみたいと思います。

5 聴く保育者 - 聴きとられる子ども

モスがいうように、乳幼児教育を政治的な実践と仮定するならば、「子どもの声を聴く保育者」と「声を聴きとられる子ども」の関係性は、「要望を聴く政治家」と「要望を聴きとられる住民」のようなものかもしれません。そのときの政治家はどういう存在か、それを思い浮かべながら、子どもの要望を聴く保育者の姿を考えてみるとどうなるでしょうか。

便宜的に、声を聴くフェーズと保育を実行するフェーズに分けて考えてみましょう（表8－1）。声を聴くフェーズで類別化してみると、「すべての声に耳を傾ける」、「特定の声に耳を傾ける」、「どの声にも耳を傾けない」といったことが考えられると思います。そして、実行するフェーズでは、「声を全面的に取り入れる」、「声をできる範囲で取り入れる」、「声を取り入れない」ということが考えられそうです。

表8−1 子どもの声と保育者の構え

	すべての声に耳を傾ける	特定の声に耳を傾ける	どの声にも耳を傾けない
声を全面的に取り入れる	子どもたち任せになる	特定の子ども任せになる	
声をできる範囲で取り入れる	すべての子どもと応答し、自分の考えを見直そうとする	特定の子どもと応答し、自分の考えを見直そうとする	
声を取り入れない	すべての子どもと応答するが、自分の考えを優先する	特定の子どもと応答するが、自分の考えを優先する	子どもとの応答がない

出所：筆者作成。

これを組み合わせて考えます。まず、「どの声にも耳を傾けず」「声を取り入れない」という組み合わせは、「子どもとの応答がない保育者」としてあらわれてきます。一方、「すべての声に耳を傾けて」「声を全面的に取り入れる」という組み合わせは、すべての子どもに誠実に向き合う姿が思い浮かび、理想的なように思えます。ただ、保育者にも大切にしたい理念や保育の意図があるなかで、子どもの声を全面的に受け入れてよいのでしょうか。それはややもすれば、「子どもたち任せになる保育者」としてあらわれかねません。保護者の要望をすべて受け入れていては保育が苦しくなるように、このような構えになると、子どもが好き勝手にやってまとまりがない保育になることが危惧されます。

この「子どもとの応答がない保育者」と「子どもたち任せになる保育者」は、いうなれば古くから保育者の葛藤材料になっている「大人主導」と「子ども主導」の二項対立的図式の両極といえます。したがって、この二項対立を乗り越えるために現実的な位置づけとしては、「声をできる範囲で取り入れる」ことを考える必要があるでしょう。

まず、「すべての声に耳を傾けて」「声をできる範囲で取り入れる」を考えてみます。ここでは、「子どもたちの多様な声を受けとめて自分の考えを見直そうとする保育者」が想像できます。では、「特定の声に耳を傾けて」

「声をできる範囲で取り入れる」はどうでしょうか。たとえば、生活や遊びに困っている子どもの声を聴き、それをもとに支援を変えるというようなことが思い浮かびます。ただし、自分の理想を体現してくれるようないわゆる「良い子」の声ばかりに耳を傾けるということになれば、「自分に都合のよい声を受けとめようとする保育者」にもなり得ます。すなわち、「特定の声」がなにで「できる範囲」がどの程度かによって、さまざまな保育者像があらわれてきます。

ここで、少し視点を変えたいと思います。ここまでの議論は、すべて「声を聴く保育者－聴きとられる子ども」という「能動－受動」の関係を前提としています。ただ、そもそも声を聴くという行為の本質は、その前提を超えていると考えたらどうなるでしょうか。

鷲田は、「他者の声を聴くことの根底には、『自－他、内－外、能動－受動という区別を超えたいわば相互浸透的な場』に触れるという経験がある。そういう経験のなかから、あらためて立ち上がってくる他者の声のまさにその異質さ――それは文字どおり、別の声の表面（触感）、別の体温をもつ――、それに触れることによって、わたしたちは自己のもとにふたたびたしかに送り返されることになるのである」と述べています[*15]。

そこで、ここからは「能動－受動」の区別を超える可能性について言及したいと思います。先に記した子どもの声が「聴こえてくる」研究のほうから、生成モードのコミュニケーション[*16]の概念に依拠して議論を進めます。

6 子どもの声が「聴こえてくる」感覚と共鳴体験

写真投影法は、保育者が子どもの声を意識的に聴こうとする方法でした。それに対して、子どもの声が聴こえてくる研究では、保育者の意志にかかわらず、一緒に生活していたら自然と聴こえてきた声も含むという違いがあります。これは文法構造的には、「保育者が声を聴く（能動態）」から「保育者には、声が〈自動的に〉聴こえてくる（中動態）」という変化になります。

では、「保育者が声を聴く」と、「保育者には声が聴こえてくる」ではなにがちがうのでしょうか。伊藤は、こういったコミュニケーション形態の違いを「伝達モードのコミュニケーション」と「生成モードのコミュニケーション」として論じています。

伝達モードのコミュニケーションは、発信者と受信者が区別され、発信者が伝えようとしたメッセージが、受信者のもとに伝わります。写真投影法は、子どもが発信したメッセージを保育者が受信するという形態ですので、伝達モードのコミュニケーションに近いといえるでしょう。

一方、生成モードのコミュニケーションは、発信者と受信者の役割分担が不明瞭になる、つまり能動－受

＊15　鷲田清一『「聴く」ことの力――臨床哲学試論』ちくま学芸文庫、二〇一五年、一九〇頁。
＊16　伊藤亜紗『手の倫理』講談社選書メチエ、二〇二〇年、一五〇－一七六頁。

動の軸が曖昧になり、双方向的なやりとりのなかで意味が作られていく形態であるとしています。その究極形態の例として、視覚障害のあるランナーと伴走者の間で共鳴するコミュニケーションが挙げられています（伊藤、同、二〇二〇）。視覚障害のない私たちは、このコミュニケーションを、伴走者が導いてあげて（能動）、ランナーは導いてもらう（受動）という関係を想像します。ところが、実際の当事者は、「伴走してあげる／伴走してもらう」という能動－受動の感覚ではなく、「一緒に走っている」感覚になるそうです。そして、そういった関係においては、「伝えようとしていないことまで伝わっていく」コミュニケーションが起こるといいます。つまり、お互いに伝えようとしていない意志や微細な感情、体調までもが言語化しなくても意識を超えて伝わっていくのです。

私は、保育者のいう子どもの声が聴こえてくる感覚は、このような「共鳴」に近いのではないかと考えています。先の二つの事例では、保育者は、「さらこなしよう」「先生がもったら、怖いことと思っちゃうよ」という子どもの言葉が心に残ったと述べました。しかし、実際には、子どもからこの言葉が生まれた状況にはお互いの強い感情が内在しており、言葉というよりその状況の余韻が心に残っていたように思うのです。

子どもにはそれぞれ遊びに対する強い思いがあります。そして、保育者の側も子どもと関わりながら自身の思いと向き合います。その過程において、お互いの思いの衝突が生じた場を共有したとき、異質な声の質感に触れ、お互いの思いが「入ってくる」のではないでしょうか。そして、そのことを保育者の側から表現すると、「子どもの声が聴こえてくる」ということになるように思います。

保育の先人にも、能動－受動の枠組みを超えた関係性を独自の言葉で表現していると思われる節があります。たとえば、保育に関わる者であれば誰もが知っている倉橋惣三の「心もち」という言葉です[*17]。

泣いている子がある。
涙は拭いてやる。
泣いてはいけないという。
なぜ泣くのと尋ねる。
（中略）
お世話になる先生、お手数をかける先生、それは有り難い先生である。
しかし有り難い先生よりも、もっとほしいのはうれしい先生である。
そのうれしい先生はその時々の心もちに共感してくれる先生である。

子どもに対して、涙を拭いたり、理由を尋ねたりして能動的に関わる保育者は、それを受けとる子どもにとっては有り難い存在です。しかし、子どもにとってうれしいのは、能動－受動を超えてお互いの思いが感じられる状態であり、子どもの心もちに「なってみる」[＊18]保育者であることが示唆されています。
また、堀合文子は、「保育者の眼」というタイトルで、次の言葉を残しています。[＊19]

前を見ていても、横の子どもの体の動きが見えるのです
後ろの子どもの心の動きが見えるのです

＊17　倉橋惣三『倉橋惣三文庫 三　育ての心（上）』フレーベル館、二〇〇八年、三五頁。
＊18　大豆生田啓友『倉橋惣三を旅する　二一世紀型保育の探求』フレーベル館、二〇一七年、一八－三二頁。
＊19　内田伸子『まごころの保育――堀合文子のことばと実践に学ぶ』小学館、一九九八年、一六－一七頁。

そうでしょう
その神経の使い方が、保育者なのです

このように、自分の神経に子どもたちの心身の動きが「触れて」、そして「振れる」感じ、そのときに保育者は、子どもが「入ってくる」感覚になるのではないでしょうか。そして、きっと子どもたちのほうにも、保育者が「入ってくる」感覚があるのだろうと思います。

7 共鳴体験はいかにして起こるのか

保育者と昔の保育の話をするとき、何年も前の子ども――おそらく共鳴体験をしたのであろう――のことを瑞々しく語る姿に感心します。そう思うと、子どもとの共鳴は、その後の保育に強く影響する貴重な経験であり、言いかえれば保育者の職業アイデンティティの形成に影響する出来事であるといえます。では、子どもと保育者の共鳴は、いかにして起こるのでしょうか。

素直に考えれば、子どもの声に意識を向けることだと思います。ただ、子どもの声に意識を向けても共鳴を感じられる保育者もいれば、そうではない保育者もいます。それを個々の保育者の感受性やセンスの違いだと言ってしまうと、どうしようもありません。

ここで、子どもの声が聴こえてくるという現象を「保育者には、声が〈自動的に〉聴こえてくる」中動態として捉えてみると、個々の保育者の要因以外の側面が見えてきます。私の研究では、いくつかの外的要因が関連していることが示唆されています[*20]。

たとえば、施設における保育者の立場です。先の子どもの声をもとにした保育カンファレンスの研究において、管理職になったばかりの保育者はインタビューのなかで、全体を見て変えていけるところはどこだろうという意識が強くなったと答えました。それに伴って、その保育者に聴こえてきた子どもの声は、子どもとの関わりのなかで共鳴した体験というよりは、他の保育者に園の理念や遊びの価値に気づいてもらうきっかけになるようなものが多く挙がりました。

時期もあります。行事などで多忙なときについて、ある保育者は次のように答えました。

「子どもの声を聴けていないなって思います。子どもの声が聴こえたとしても、マイナスに感じられてしまったりすることもあります。余裕があったらおもしろいなって思える声でも、忙しかったら『また今度にして～』って思ったり（苦笑）」

伊藤のいう伴走の例からは、共鳴が起こる要因として三つのことが示唆されています。一つ目は、長い時間を共にしていること、二つ目は、お互い一緒にいるときに緊張していないこと、三つ目は、心身を相手にあずけていること、です。

＊20　Matsui, G. (2021). Reflection on the professional development of early childhood education and care teachers in Japan based on children's voices. *International Journal of Early Childhood*, 53, 367-384.

これに依拠すれば、管理職になったばかりや多忙な時期だと、ちょっと緊張して保育を眺めたり、子どもに心身をあずけたりすることが難しくなるため、「聴こえてくる」というより「聴く」状態になっているのかもしれません。つまり、施設における保育者の立ち位置や多忙感などの外的要因によって、保育者に聴こえてくる子どもの声は変質することが考えられます。

施設にはさまざまな状況があります。「聴く」とか「聴こえてくる」以前に、「聴けない」状態もあり得るかもしれません。ただ、共鳴体験が保育の魅力に触れることであり、その人の保育に影響を及ぼすような職業アイデンティティの形成に寄与するのであれば、ときどきは共鳴が起こる要因を整えた状態で子どもと過ごせる施設であるのが望ましいような気がします。そして、「聴く」と「聴こえてくる」を行き来しながら、子どもと共に保育を紡いでいくことが、子どもの声をもとにした保育の醍醐味なのだろうと思います。

8 子どもの声と対話

子どもの声を聴いたとき、子どもの声が聴こえてきたとき、保育者は対話――「気が付いたら既に始まり、いつの間にかその渦の中心に他者と共に差し向かいで立っているような状況」[*21]――に誘われるのだろうと思います（共鳴の場合はもうその時点で子どもと対話しているといえるのかもしれませんが）。

冒頭で述べたように、〈この〉性が含有されている子どもの声は、一般的な説明には収まらないため、詳しく掘り下げないと理解しがたいという固有性が存在します。そのため、よくわからないから話したくなり、対話しているうちに自分の思考や感情が整理されていくという状態になります。

対話の相手としては、もちろんはじめに子どもが挙がります。子どもとの対話によって、子どもたちと共に保育がつくられる過程は、その子どものユーモアがあって、子どもたちの推進力があって、他の実践にはない固有性があって、魅了されます。

次に保護者が挙げられます。保育者には、たとえ帰宅を急いでいる保護者であっても、「どうしてもこれだけは伝えたい」という日があると思います。そこには、その子ども固有のエピソードがあって、保護者も家庭の様子で思い当たる節があって……、その対話を通じて、その子どものことが「わかってくる」感覚になって、次の保育のヒントが見つかることもあるでしょう。近年では、ドキュメンテーションやラーニング・ストーリーなどの可視化した記録も対話を促す媒体として広がってきています。

最後に、保育者（同僚）があります。保育を終えたときに自然と話が始まり、笑い合う。ときどき、保育カンファレンスなどのきちんとした場で掘り下げることで、実践の見直しや保育のアイデアが生まれると思います。

このように「対話」はとても重要だと思います。ただし、「対話はとても重要だ」と強調すると、「対話」が生まれなくなるという構造に陥ることがあります。「対話を通じて保育を見直すために子どもの声を聴かなくてはならない」と、子どもの声を聴くことが目的化されてしまうと辛くなってくるからです。

＊21　青山誠「第１章　対話とは何か――子どもたちの対話から問い直す」青山誠・久保健太『対話でほぐす　対話でつくる　明日からの保育チームづくり』フレーベル館、二〇二〇年、六－一二頁。

特に、保護者や保育者との関係においては、対話が控えているとなれば、「子どもの声が聴けなかった」ときに、保育者は責任を感じてしまうでしょう。すると、責任感の強い保育者ほど、①子どもの声を聴こうと強く意識する。②子どもとの関係に緊張感が生まれる。③ますます声が聴こえてこない。④①に戻る、という悪循環に陥り、保育が楽しくなくなってしまいます。また、子どもの声が聴けなかった、聴こえてこなかったことを言い出せずに、あまり心には残っていない声を挙げてみたり、他の保育者が好みそうな子どもの話をしてみたりということもありえます。

大切なのは、子どもの声が聴こえてこないことも対話するということではないかと思います。聴こうという意志を強くもっても聴こえてこないことがあるのですから、「聴こえてこなかった」と素直に話せばよいのだと思います。先に述べたように、子どもの声を聴くことには外的要因も関連しています。「子どもと向き合ってないから声が聴こえてこないんだよ」とその人を責めるのではなく、その間の保育の状況を振り返ってみて対話を継続してみると、外的要因の見直しという副産物が導かれるかもしれません。

先に示したように、対話のベースは、「いつの間にか始まっている」です。子どもの声をきっかけに話し合ってみたら、思わぬ副産物に出くわすというのが対話の本質だと思います。

9 「私」の葛藤をあらわす

「子どもをあらわすということ」。本章をまとめると、子どもの声から、その子どもの〈この〉性を受けとり、他者との対話を通じて、子どもと自分があらわれてくる、といえるでしょうか。ただ、このワンセンテンスにまとめてしまうと、うまくあらわせていないような感じがします。

巡回相談のときに出会った子どもについて、私が声を聴いて感じた〈この性〉をどう表現するのかはとても困難です。なぜなら、私の目前には伝える相手として保育者がいて、自分は第三者として客観的な視点からその子どもの様態を分析することが求められているからです。そういった関係性のなかでは、一般的な説明記述の使用が導かれやすい側面があります。たとえば、「四歳児だから～」「自閉症だから～」「第一子だから～」「ひとり親家庭だから～」と一般的にイメージしやすい説明言語を連ねれば、保育者の期待にも応えられるし、保育者もその子どもを客観的に理解したという感覚を得ることができるかもしれません。

ただし、そういうあらわし方では、「しっくり」こない保育者もいます。はっきり言ってくれる方もいれば、私に気をつかってわかったふりをするけど、実は納得していない方もいます。その状態は、私の仕事的にはハズレなのですが、個人的にはアタリです。なぜなら、おそらくその保育者も子どものことをあらわしたいけど、あらわせないという葛藤のようなものを抱えているからです。

そういった保育者の葛藤が感じられたときは、「と、まあいろいろと言いましたけど、よくわからなかったです。でも、一緒にいて楽しい気持ちになるお子さんですね」とか適当なことを言います。そうすると不思議なもので、その子どものことで話が弾んで、気が付いたら終わりの時間が過ぎていたなんてことがよくあります。帰り際に「なんのお役にも立てませんでしたが……」と言い訳するのですが、これまた不思議なもので、そういう施設ほどもう一度呼んでくださいますし、そういう保育者さんほど、別の研修で会ったときに話しかけてくれたりします。

一般的な説明言語を使用することは、子どものあらわしかたの一つです。しかし、それだけでは「どう表現しても伝えきれない」〈この〉性があるという自覚のなかで、いかに脱分類化して表現する術をもつのか、考えないといけない課題だと感じています。ただ、あらわすときには必ず相手（宛先）がいるわけで、その仕組みのなかでは「あらわそうとしなくてもあらわれてくる」ものだろうと楽観的に考えているところもあります。

子どもなのか、保護者なのか、同僚なのか……、宛先は無限に考えられますが、子どもをあらわせない自分の葛藤をいちど相手にあずけてみることで、その子どもがあらわれてくると同時に自分もあらわれてくるのかもしれません。

終章

「子どもをあらわす」ことで見えてくること

三谷大紀

1 「子どもをあらわす」ことを考える

本書では、保育や教育に携わる人々にとって、誰しもが何らかの形で日常的に行っている「子どもをあらわす」という本質的なテーマを、それぞれの問題意識から論じてきました。その根底には、実践者であれ、研究者であれ、保護者であれ、子どもと、その子どもと関わる人（自分自身も含む）やモノとがふれ合うなかで生み出される出来事や見えてくる事象がもつ意味を「あらわす」ことを考えることが、子どもや保育という営みについて考えていくうえで欠かせないという思いがあります。そして、「子どもをあらわす」ということを軸に、保育という営みのなかで、子どもや保育者がいかに生きているのか、そもそも保育とはどのような営みなのか、人が人を理解し、人が育っていくとはどういうことなのか等を探究し、それぞれが「あらわす」試みであったようにも思います。少し極端な言い方をすれば、子どもをいかに、どのように、子どもの何を育てるかというように、子どもという存在を、保育や教育の固定化した「対象」（あるいは「社会・未来への投資対象」）としてのみ一方的に捉え、表面的な行動や得られる結果や、その結果を導き出す手法ばかりに注目が集まりがちなことへのアンチテーゼといえるかもしれません。

本章は、終章となっていることから、この子どもや保育という営みを「あらわす」ことについて、何らかの「結論」めいたものを期待されるかもしれませんが、そうしたものにはなっていません。ただ、私なりに、「子どもをあらわす」ことを吟味し、ただ単に表面的な子どもの行動を「あらわす」ものではなく、子どもの世界や保育実践へのより深い理解へといざなうものとなるとき、反対に表面的な行動の記録にとどまるときには何が「あらわれる」のか、いくつかのキーワードをもとに考えてみたいと思います。

2 「子どもをあらわす」ことと「省察」

実践の「振り返り」とは

少し乱暴な言い方をすれば、「子どもをあらわす」ときには、言葉であれ、文字であれ、写真であれ、その「あらわす」当人が見たり、感じたり、関わったりした状況を、（変な言い方ですが）半分現在進行形・半分過去形で、（時に瞬時に）自分の保育実践の「振り返り」をしています。その「振り返り」を何のために行うのかは、その当人を取り巻く人やモノとの関係によっても、その内実も、「振り返り」方も変わってきますが、ここではまず、「振り返り」とは、どういうことなのかを考えてみます。

保育や教育の領域において、日々の実践の「振り返り」が重要であることは、さまざまな場で論じられています。その際、頻繁に引用されるのが、ドナルド・ショーンが「省察的実践家（Reflective Practitioners）」と名付けた専門家像とそれを特長づける「省察」概念です。[*1] 「専門家」と聞くとどのようなイメージが浮かぶでしょうか。その専門分野についていろいろな専門的知識やそれによって生まれる慣習やルールなどを熟知している人、あるいはそれらをもとに専門的な技や方法を身につけている人をイメージするかもしれません。確かに、表面的に見れば、専門家や熟達者と呼ばれる人はそうした専門的知識や技を有しています。でも、その専門家や熟達者と呼ばれる人は、それぞれの実践現場において何か問題に直面したり、それにより自分自身の行為などの選択を迫られたりした際、その都度、既知の専門知識などを適応して対応しているのでしょうか。むしろ、瞬時の判断で、即興的に対応しているように見えることもあるのではないでしょうか。でも、そのときには何も考えていないのでしょうか。いや、そんなことはないはずです。既存の知も駆使しているはずです。でも、それは言語化できない「名人芸」のようなものなのでしょうか。ショーンの「省察的実践家」像は、このようなそれまでの専門家像の常識や問いに挑戦するものでした。つまり、それまでの専門家像が、「一般化された原理や原則」から導き出された豊富な「専門的知識」や「専門的技能」を駆使し、効率的に当てはめることができる人物として描かれていたのに対して、「行為のなかの省察」という概念を用いて、その「実践知（実践のなかで生かされている知）」を明らかにすることを試みたのです。[*2] ただし、ショー

*1 Schön, D. A. (1983). *The Reflective Practitioner: How Professionals Think in Action*. Basic Books.（ドナルド・ショーン、佐藤学・秋田喜代美（訳）『専門家の知恵――反省的実践家は行為しながら考える』ゆみる出版、二〇〇一年。ドナルド・ショーン、柳沢昌一・三輪建二（監訳）『省察的実践とは何か――プロフェッショナルの行為と思考』鳳書房、二〇〇七年）。

ンは、「省察」という言葉で、単に「反省」することや、目の前の出来事から想起される意味をあれこれと「考察」したり、「推論」したりすることを強調したわけではありません。直面する状況に応じて何が問題なのかを意味づけ、価値を発見していくプロセスが重要であることを強調し、それを「行為のなかの省察」と呼びました。つまり、「行為のなかの省察」は、ショーンの省察概念をもとに「実践をリフレクションする」とはどういうことかを論じている佐伯ら（二〇一八）が指摘しているように、「行為している最中」の省察だけではなく、時間が過ぎた後でその行為に焦点を当ててさまざまな観点から検討や吟味をしていく過程そのものを意味しています。[*3]

また、初心者と比較した場合、卓越した熟達者は、それぞれの実践のなかで状況を瞬時に読み解き、何が問題かを発見し、即興的に意味づけ、対応していくことができますが、それを「暗黙知」のように言語化できないとか、無意識の行為だというように神秘化することには強く反対しています。むしろ、ショーンは、「実践者は実践にあたって行為について考えている」ことに焦点をあて、その「実践知」とは何かを探究し、その結果「省察的実践家」という新たな専門家像を示したのです。

このショーンの立場に立ったとき、保育実践の「振り返り」としての「子どもをあらわす」ことは、「行為のなかの省察」であり、その時々の場面において何が起きていたのか、何をどう見て、どう感じていたのかを、あらわしていくことになります。そして、その場の出来事を言語化や可視化、あるいは可聴化していくことによって、誰もが経験している経験知に近かったり、その感覚を他者と共有できたり、反対に、新たな意味の発見が生まれたりするなどしていきながら、その時々の実践（子どもの姿やそれに対する関わり）を生み出している「実践知」を描出することになるのです。

実践の文脈に即し、身を置いて吟味すること

では、どのような「実践知」が抽出されるのか。第一章のなかで、青山氏が引用している「ヤダ、ヤダ！」（第一章四〇頁参照）という保育者の実践記録をもとに改めて考えてみます。青山氏は、ここでの記述が、記述する保育者の一人称の視点で語られつつも、「保育者によるポリフォニックな子ども理解」が展開されていることに注目し、その保育者の「振り返り」の実践記録を次のように語り直しています。

「本気の『ヤダ』ではないのかな」「四月の『ヤダ』とは違うようだ」「私が嫌なのだろうか」という子どもへの複数の見立てや問いが提出され、さらに同僚からの「あなたにむかって気持ちを出しているのでは」という別の見立ても加わることで、「言葉一つにいろいろな感情や伝えたい思いがある」という新たな理解へと導かれていきます。さらにそのことでこれまでとは異なる関わりを通して、子どもとの新たな関係性が開かれていきます。

この実践記録には、第七章で佐藤氏が、第八章で松井氏が述べているように、その子の「声」を聴きながら、その子の思いに思いを巡らせ、同僚と語り合い、またその子の「声」に出合い直していく（聴こえてくる）

＊2 ショーンは、従来の専門家像を「技術的合理主義」に基づいた「技術的実践者」と呼び、区別（批判）しているが、別段「専門家はかくあるべし」を示そうとしたのではなく、あらゆる日常の実践において、その人なりの「行為のなかの省察」があることを示している（佐伯胖・刑部育子・刈宿俊文『ビデオによるリフレクション入門――実践の多義創発性を拓く』東京大学出版会、二〇一八年、一三頁）。

＊3 佐伯・刑部・刈宿、同前書（＊2）、一〇－一一頁。

さまが記述されており、それが実践のさなかであれ、実践の後であれ、実践の文脈に即して自分自身の行為を吟味している姿を見ることができます。この吟味する行為、あるいは子どもの姿や出来事を「吟味の俎上にのせる」ことは、先に述べたように、直面する状況に応じて何が問題なのかを意味づけ、価値を発見していくプロセスであり、ショーンの「行為のなかの省察」のなかに含まれるものですが、「この見方でいいのか」、「もっと別の意味があるのではないか」といったように、その場の状況や文脈と結びつけて検討し、新たな理解を生み出していくことを、ショーンは、「アプリシエーション（appreciation）」と呼んでいます。佐伯ら（二〇一八）は、この「アプリシエーション（appreciation）」は、「よさ（真実性、美、潜在的可能性など）の鑑賞」であり、以下のことが重要だと述べています。[*4]

「起こっている出来事を意味づけたり（sense-making）、（あくまで暫定的に）『理論』で説明づけてみたりすることも含まれてくるが、それらは実践者の立場からのものであり、意味づけや理論づけ自体が目的ではないことは当然である。また実践の良し悪しについて、一般的な観点から価値づける（判定を下す）ことにはなってはならない、ということも注意しておくべきであろう。さらに、そのときどきにみられる子どものすごさ、みごとさ、素敵さに驚く、というのも、当然、よさの鑑賞（appreciation）にあたる行為であり、『リフレクション』に含まれる」とし、人間（とくに子ども）を対象とする実践に焦点をあてた場合には、「保育対象となる子ども（乳児を含む）とよりよく、またより深く『かかわる』ということを目的とし、保育の実践現場のさまざまな状況に『身を置いて』（situated-inとして）、保育者のありようをリフレクションすること」としています。[*5]

改めて青山氏が引用した先の保育者の実践記録について考えてみると、そこには、既存の枠組みや基準に照らすことなく、目の前のあさみちゃんのことを見つめ、理解しようと試みていることと、どう関わるべきかではなく、何が起きているのかを捉えようとするまなざしを感じることができます。

「ある」への注目と「関係論的な見方」

では、そのまなざしとは、具体的にどんなものなのでしょうか。一つは、何に対しても「いやだ」と言うその子の表面的な言動（誰の目にも見える言動）には、さまざまなことへの思いが関係しており、その言動そのものが、そうしたことへの思いや葛藤のあらわれの一つとして捉えようとするまなざしが存在します。鯨岡（二〇一〇）は、子どもは今の「ある」を受け止め・認めてもらうことで、自ら今の「ある」を突き動かし、「なる」へと向かうとしています。[*6] しかし、子どもの今の「ある」を受け止め・認めることができないときには、子どもの表面的な言動から（たとえば、「落ち着きがない」「話を聞けない」「ルールが守れない」「遊べない」など）、子どもの「〇〇がない」ことばかりに目が向き、いかに自分たちの理想とする姿に近づけるか、「なる」ことを促すことがその子のためであると捉えられ、そこに保育者としての役割を見出しかねないのです。仮にそのような見方に陥ったときには、そこで記述される記録は、いかに「いやだ」を言わないように促し、どのように子どもを変えたかが記述され、「子どもをあらわす」というよりは、子どもを

＊4　佐伯・刑部・苅宿、前掲書（＊2）、一二一－一三頁。
＊5　佐伯・刑部・苅宿、前掲書（＊2）、二〇頁。
＊6　鯨岡峻「関係論的学び論――関係発達論の立場から」佐伯胖（監修）渡部信一（編）『「学び」の認知科学事典』大修館書店、二〇一〇年、三九五－四〇一頁。

どう「操作」したかがあらわされることになります。言い換えれば、そうした「実践知」が可視化されるのです。しかし、先の実践記録の記述からは、あさみちゃんの「いやだ」にも、何かしらの思いや葛藤が「ある」ことを見出そうとしています。そこには、あさみちゃんを「操作」しようとする赴きは感じられません。そうした「ある」への注目があるからこそ、青山氏が考察しているように、一方的な評価に陥ることなく、目の前のあさみちゃんの「声」に丁寧に付き合い、さらに同僚などの他者が介在する機会にも開かれた「実践知」を垣間見ることができるのです。

もう一つのまなざしは、目の前のあさみちゃんの「いやだ」という言動を、時期や状況、自分自身との関係の変化等の網目に位置づけながら捉えようとするものです。「いやだ」という言動には、何かしらの思いや葛藤があると考えながらも、ただ単にその時々で、どう思っているのかを探ろうとするのではなく、あさみちゃんの置かれている状況や自分との関係に目を向け、あさみちゃんの言動をそれらの「関係の網目」に位置づけ、そうした関係性のなかで捉えようとしているように見受けられます。言い換えれば、あさみちゃんの立場に立って、あさみちゃんの「周り」を見るような感じです。こうした見方を佐伯（二〇一四）は、「関係論的（あるいは状況論的）な見方」と呼んでいます。[*7]また、第二章の執筆者の川田氏の単著（二〇一九）では、主体性とは「子どもがどのように周囲の人やモノやできごとと関係をもっているのかを意味する語」であるとして、「その子どもが周囲とのあいだに結んでいる関係の状態」と定義づけ、能力発達をうながすことだけでなく、その過程を支えていくことが保育における援助であるとしています。[*8]このように目の前の子どもの行為を取り巻く「関係の網目」が見えてくると、おのずと、目の前のその子がそうすることの意味やその子の主体性が見えてくるのでしょう。

「あらわす私」を含めた「物語」

第二章のなかで川田氏が、保育者の記述する「実践記録」と発達心理学者の「観察記録」の差異について、倉橋の「観察」観を考察しながら、「子どもをあらわす」ことと「私をあらわす」ことは不即不離であることを①価値志向性の有無、②生活の共同生成の有無、③身体性のありよう、の3点を挙げています（麻生、津守、丁寧に論じているので詳しくはそちらを参照していただきたい）。「あらわされた」子どもの姿が、実践の文脈に即して吟味の俎上にのり、「よさの鑑賞」が生まれてくるときには、その状況や、見たり、記録したり、語ったりしている自分自身の視点や存在そのもの、すなわち、その子どもの姿や実践を見たり、関わっている「私」の「実践知」が可視化されることはすでに述べた通りです。むしろ、川田氏が述べているように、子どもや出来事を見ている「私」の視点が浮かび上がってこないものであるとき、読み手の読み方はよりどころなく広がってしまい、描かれたり、撮影されたりした子どもの姿も、読み手には輪郭のぼやけたものに見えてしまうでしょう。よって、実践の「振り返り」には、その実践や子どもを「あらわす私」も含めた「物語」が存在するといえるかもしれません。その「物語」が存在するからこそ、その記録を書いたり撮影したりした当人が、目の前の子どもをどのような存在として捉えているのか、その人の見方や関わりがどのように生み出されるのか、さらには、その記録を自分自身がどう読んでいるのかを可視化し、その記録をもとにした「振り返り」は、新たな意味の発見と理解や別の関わり方等を創発してゆくのです。

＊7　佐伯胖『幼児教育へのいざない――円熟した保育者になるために［増補改訂版］』東京大学出版会、二〇一四年、九二－九九頁。
＊8　川田学『保育的発達論のはじまり――個人を尊重しつつ、「つながり」を育むいとなみへ』ひとなる書房、二〇一九年、三八－一二九頁。

3 「子どもをあらわす」ことに見る「物語」と「評価」

「論理・実証モード（Paradigmatic Mode）」と「ナラティブモード（Narrative Mode）」

第五章で、宮武氏が「写真を撮れない（いま、レンズを向けられない）」という場合も時としてあると述べていましたが、それもまた、その状況や子どもが物語ることを撮影している宮武氏が、まさにその場に身を置き、知覚していることになりますし、「撮れない」「撮らない」という判断に、撮り手である宮武氏と、被写体である子やその状況との間に「物語」があることを垣間見ることができます。そして、「子どもをあらわす（あるいは、あらわさない）」ことで見えてくるその子、その場、「私」との関係等の「物語」をどのようなものとして扱うかによって、「あらわす」ことの意味そのものが変わってくると考えます。

認知心理学者であり、教育学者でもあったブルーナーは、私たち人間の思考形式や認知作用には、「論理・実証モード（Paradigmatic Mode）」と「ナラティブモード（Narrative Mode）」という二つのモードがあり、場面に応じて、お互いに補完し合いながら用いられているとしています。[*9] この二つの特徴について、企業・組織における「対話」の在り方について論じている中原・長岡が、簡潔に次のようにまとめています。[*10]

論理・実証モード……別名「科学的モード」「合理的モード」であり、科学者やビジネスマンが最も重視している思考形式。「ある物事が正しいのか、間違っているのか」を問い、厳密なナラティブモード……分析を通して、物事の真偽を明らかにしようとする。「ある出来事と出来事のあいだに、どのような意味のつながりがあるか」を注視する思考の形式。人間がどのような意図をもち、どのような行為を行い、何を経験し、どんな帰結にいたったのか……そうした出来事のあいだのつながりや意味を感じとる思考形式。「物事が正しいか、何が間違っているか」はあまり問題にはならず、むしろ「それは現実味に富んでいるか」「それは、腹に落ちるかどうか」が重要とされる。

誤解のないように言っておくと、どちらが良くて、どちらが悪いということを言いたいわけではありません。しかし、仕事柄、色々な園を訪れ、保育者の方々と出会う機会に恵まれていますが、何が正解で、何が間違っているのかを即急に求め、合理的に物事を進めようとする気配や雰囲気を感じることが少なくありません。だからと言って、正解を求め、合理的に物事を進めようとしてしまう保育者を責めたいわけではありません。むしろ、そうせざるを得ない関係や状況のなかに身を置いていることも少なくないからです。しか

＊9　Bruner, J. S. (1986). *Actual Minds, Possible Worlds*. Harvard University Press.（ジェローム・ブルーナー、田中一彦（訳）『可能世界の心理』みすず書房、一九九八年、一六一－一九頁）。

＊10　中原淳・長岡健『ダイアローグ　対話する組織』ダイヤモンド社、二〇〇九年、五二－五三頁を参考に筆者がまとめた。なお、中原らは、原文のNarrative Modeを「ストーリーモード」と訳しているが、ここでは、他の文献と揃え、「ナラティブモード」として表記する。

し、どこか保育全体が、「論理・実証モード」で、子どもを見たり、記録したり、理解しようとすることが多くなっていることを危惧せずにはいられません。反対に、一見、「ナラティブモード」で子どもを見て、記録しているようでいて、一方的な独白（モノローグ）になっていて、語り手と聞き手が固定化し、「子どもをあらわす」ことが、情報の伝達や説明責任、あるいは正解の提示にすり替わり、結果として、どういう記録の仕方がよいか、どういう見方がよいかを一方的に教示する形になり、本当の「私」の視点を描き出すことが難しくなる場合もあるように思います。

「子どもをあらわす」ことと実践研究

一方、子どもや保育実践を研究対象としたいわゆる実践研究においては、当然のことですが、エビデンスやデータがより重視されています。近年は、量的研究法だけでなく、「グラウンディド・セオリー・アプローチ」など、インタビューや観察をもとに人々の経験と直接関わりながらデータを収集し、特徴的な単語をコード化しながらデータに基づいた理論構築を目指す、領域密着型あるいは領域固有型とも呼ばれる質的研究法が注目され、そうした研究法を用いた質的研究も増えてきています。[*11] しかし、自然科学を模範としすぎるばかりに保育学における実践研究や事例研究の位置づけが軽視されている現状に警鐘を鳴らし、実践研究を精神科学に属する研究として捉え、実践研究における実践を理解する主観性の重要性を論じている榎沢は、それらの多くが、科学的客観性をいかに担保するかに意を注いでいるかのように思えるとし、科学的客観性の土俵で（科学の呪縛に囚われて）質的研究を行っている限り、それは二次的な評価しか得られず、質的研究に科学的研究とは異なる独自の意義をもたせるためには、客観性とは何かを見直し、「共同主観性」が必要であることを指摘しています[*12]。そして、この共同主観性は、「個人的に私的な認識を行っているのではなく、共同主観の共同体を背景にそれにささえられて客観的認識を行っている」とし、一朝一夕になし得るものではなく、対話することを通して徐々に形成されていくもので、早坂の「不変の共同主観性、客観性などというものはないといってよい。共同主観化、客観化のプロセスがあるだけなのだ」という言葉を引用しながら、共同主観への絶えざる自己更新によってのみ、実践研究は市民権を獲得するとしています[*13]。

また、臨床の場が「言葉」「語り」「物語」によって成り立ち、ケアの理論を「ナラティブ」の理論によって基礎づけることを目指す野口も、臨床の場を対象とする研究においても、実践の場では「ナラティブモード」があふれかえっているにもかかわらず、その行為や場について「科学的知識」による「科学的説明」をすることにこだわり、一般的かつ法則的な理解を求めるあまり、原因と結果の因果関係を抽出することに終始し、個人の経験や、そこに生起される固有の意味、すなわち「物語的特性」は無視されてきたと指摘しています[*14]。

研究においてエビデンスやデータが重要であることは重々承知しています。また、新たに注目の集まって

＊11　Glaser, B. G., & Strauss, A. L. (1967). *The Discovery of Grounded Theory: Strategies for Qualitative Research*. Aldine Transaction.（B・G・グレイザー／A・L・ストラウス、後藤隆・大出春江・水野節夫（訳）『データ対話型理論の発見――調査からいかに理論をうみだすか』新曜社、一九九六年）。

＊12　榎沢良彦「実践研究と主観性」日本保育学会（編）『保育学研究』第五六巻第二号、二〇一八年、一二四―一三一頁。

＊13　早坂泰次郎『人間関係学序説――現象学的社会心理学の展開』川島書店、一九九一年、三〇頁。

榎沢、前掲書（＊12）、一三一頁。

＊14　野口裕二『物語としてのケア――ナラティヴ・アプローチの世界へ』医学書院、二〇〇二年、二七―三一頁。

いる質的研究方法は、本来そうした「ナラティブモード」から何らかの本質を取り出すための方法論であり、それによって生み出される研究成果や理論構築が無意味だとは思いません。学術研究として一般化を視野に入れ、保育学という学術領域への貢献や新たな学術理論を展開していくことも重要です。しかし、保育という営みのなかで生きている子どもや保育者、研究者など、人々の「生きている姿」とその時々の「体験の意味」、あるいは子どもと共に生きた場や時間がどのように構成され、また再構成されているかを当事者の視点でより注視し、「ナラティブ」的な観点からあらゆる出来事を語りなおしていく必要もあるのではないでしょうか。

本書で展開された「子どもをあらわす」という行為に見る「物語」（省察のプロセス）には、その可能性が開かれていて、榎沢のいう「共同主観性」が形成されていくプロセスを垣間見ることもできます。そして、「共同主観性」が形成されていくプロセスを垣間見るということは、暗黙の「共同主観性」が生成され、それによってあらわされる子どもの姿が限定的・一義的になる可能性だってあることを意味します。何か望ましい固定化した「共同主観性」を作ることが目的ではないはずです。むしろ、「子どもをあらわす」ことの背後にある固定化してしまう「共同主観性」を問い直すことが必要になる場合だってあるはずで、そのほうがむしろ多いかもしれません。しかし、そうした「共同主観性」への問い直しは、記録や写真に「あらわされる」姿や事象、そして、それらを「あらわす」行為そのものを、個人に帰属した、独立的で不変的なものとして捉えていては生み出せません。子どもと「私」、あるいは、「私」と周囲の他者や状況、時間、場所などとの間に見られる相互作用によって、その場に関わっている多様な他者やモノとの複雑な関係を包括した社会的構造のなかで動的なものとして立ち現れているものと見なすことが必要だと考えるのです。そして、それらを社会的－歴史的な連続していく文脈に即して読み解いていき、その時々に生まれる「共同主観性」そのものをも問い直していく過程にこそ、実践研究や事例研究ならではの新たな意味や価値の発見、さらには保育学という学問への貢献があるのではないでしょうか。

そこで、もう一つ、「物語」と「実践研究」という視点から、「子どもをあらわす」ということについて想起させられたことを挙げたいと思います。それは、大学院生時代にゼミで読み込んだカナダの教育学者クランディニンとコネリーによって提唱された「ナラティブ探究（Narrative Inquiry）」という実践研究に見る、実践に対する姿勢のことです。[*15] クランディニンらの「ナラティブ探究」の特徴的な点は、研究対象として子どもや教師などの「ナラティブ」を扱うだけではなく、研究方法としても「ナラティブ」を用いるというところにあります。ここでいう「ナラティブ」には、行為としての「語り」と、それによって生まれてくる「物語」の両方が含まれます。クランディニンらは、教育実践を「教師や子どもによる現場経験への探究プロセス」と捉え、研究対象となる人の行為としての「語り」やそこから生まれる「物語」にのみ注目するのではなく、研究方法としても「ナラティブ」を用いることで、それらを構成する個人的な経験や、それらが当人にとってもつ意味をそぎ落とすことなく、描出することを試みています。[*16] こうしたクランディニンらの「ナ

*15　Clandinin, D. J., & Connelly, F. M. (2000). *Narrative Inquiry: Experience and Story in Qualitative Research.* Jossey-Bass Publishers.

*16　クランディニンらは、「三次元探究空間（three-dimentional narrative inquiry space）」という解釈装置を提案し、現場での経験を構成しているナラティブを、状況（situation）、連続性（continuity）、相互作用（interaction）の三つの分析の枠組みから解釈していく（Clandinin & Connelly, ibid., pp. 51-62）。

表終−1　NIと従来型研究の違い

	NI	従来型研究
研究の目的	現場経験のナラティヴ探究とその再構成	仮説検証と理論の確立／更新
研究対象観	現場経験を構成するナラティヴを探究する人々	データ
研究者観	実践上の探究成果をさらに探究する人	理論をもとにデータ収集／分析する人

注：NIとは、Narrative Inquiry（ナラティブ探究）の略。
出所：二宮（2010）。

ラティブ探究」と従来型研究の違いについて、二宮は、「理論と実践との関係」、「研究者と実践者との関係」に着目し、表終−1のようにまとめています。[*17] そして、クランディニンらの実践研究の姿勢について、『ナラティヴモード』の〈知〉が埋め込まれた経験を構成するナラティヴをそのまま捉えて、その『語られ方』に注目し、研究関心に基づいて解釈した上で『語りなおし』をするという一連の作業をとおして、現場の人々の経験とその文脈を対話的に捉えようとする姿勢」として説明しています。[*18]

目の前の子どものことをよりよく理解したり、その子と生きている時間の意味をより深く考えたり、日々の保育という営みがその子や私たちにとってもつ意味について吟味していくことが、実践研究や事例研究が目指すところだとするならば、実践者であれ、研究者であれ、立場に関係なく、クランディニンらの言葉を借りるなら、共にナラティブを探究する存在であり、「ナラティブ探究者（Narrative Inquirer）」であるといえるでしょう。[*19] 実践者がデータとしての実践を提供し、それを研究者が研究室で理論づけるということではなく、第三章で溝口氏が、違う者同士を認めることの前に、まずは、「わたし」と「あなた」が一緒であることを認める必要がある、と問題提起していますが、実践研究の実践者と研究者の関係においても、一つの塊になるかのようにして、実践を吟味していくことも必要だと考えるのです。

「子どもをあらわす」ことに話を戻しましょう。「子どもをあらわす」ことは、あらわして「はい、おわり」では、ないはずです。むしろ、「あらわす」ことによって、その時々の自分自身、あらわしきれなかった事柄、新たに生まれてくる視点や解釈などが、あらわした対象や場面との対話、あらわされた姿や出来事をもとにした多様な他者（子ども、同僚、保護者、研究者等）との対話、そしてあらわした自分自身との自己内対話のなかであらわれてきて、「語りなおし」が生まれ、その「語りなおし」が、新たな子どもへの関わりを生み出していくのです。つまり、日々の保育の場面における子どもとの関わりとそれに対する解釈とが往還する探究を「子どもをあらわす」ことが支えるのです。

このようなことから、「子どもをあらわす」ということは、動的で、実践的かつ研究的な、共創的な行為であり、その過程を描きなおし、語りなおしていくことを通して、私たちは、自分自身の立ち位置を含め、子どもや保育実践について「あらわす」対象の当事者性に即してそのおもしろさ・むずかしさ・わからなさ・未知性等についての理解を深めていくことができるのかもしれません。

「子どもをあらわす」ことと「評価」すること

そこで必要と考えるのが、私たちを取り巻く「評価」に対する考え方の転換です。「評価」という言葉を聞

＊17　二宮祐子「教育実践へのナラティヴ・アプローチ――クランディニンらの「ナラティヴ探究」を手がかりとして」『学校教育学研究論集』第二二号、二〇一〇年、四〇頁。
＊18　二宮、同前書（＊17）、三九頁。
＊19　Clandinin & Connelly, op. cit., p. 48.

表終－2　目標準拠型評価と鑑識眼的評価

	目標準拠型評価	鑑識眼的評価
特徴①	二値理論（合と否、肯定と否定、白と黒など）	多様な側面に光をあて、それらの関係にも目配りしつつ、全体的な評価をする。
特徴②	主観の排除と客観性重視 ⇒量的な測定を志向	肯定／否定の両面をもつ。欠点が長所であったりもする。（欠点と長所／失敗と成功の両義性）
特徴③	外部が目標・評価基準を設定。学習（教育・指導）の目標が学習共同体の外部から設定され、学習結果がその目標に到達したか否かが評価される。（一般的に市民権を得ている「評価」についての考え方）	学ぶことの目標が実践共同体（当事者）の外部から与えられていない。実践の中に埋め込まれ、学んでいく過程は、学び手自身の鑑識眼によって支えられている。その際、問題設定の適切さ、社会的重要性、独創性、先見性、わかりやすさ、説得力などを問題にしていく。

出所：松下（2002）をもとに筆者作成。

いて、どのようなことをイメージするでしょうか。学校等における教育評価であれ、企業の業績評価、環境アセスメントや商品テストであれ、「評価」といえばふつう、評価の対象が一定の基準を満たしているか否かを判定することをイメージするのではないでしょうか。松下は、このように私たちが普段生活するなかで見聞きし、一般的に市民権を得ている評価を「目標準拠型」の評価と呼び、それとは別に「鑑識眼」に基づく評価の必要性を論じています。[*20]ここでは、一般的に市民権を得ている評価を「目標準拠型評価」と呼び、「鑑識眼」に基づく評価を「鑑識眼的評価」と呼んで、それぞれの特徴を捉え直しながら、「子どもをあらわす」ことに内在する「評価」の在り方について考えてみたいと思います。

「子どもをあらわす」際に、表面的に見られる行動から、何かが「できている」か「できていない」か、それが一般的な子どもの姿と比較して「早い」か「遅い」か、「少ない」か「多い」かといったように、既存の発達段階や到達目標に照らして子どもを見たり、その姿が生まれる原因を探ったりする場合も少なくないのではないでしょうか。そして、その子が、よりも効率的にスムーズに「できる」ようにするためには、何が必要かを診断し、処方するかのように、その子への関わりを検討することはないでしょうか。その背後にあるのが「目標準拠型評価」観です。その特徴を松下は、以下のように述べています。[*21]

第一に、一定の望ましい状態に達しているのかいないのか、つまり合と否、肯定と否定、白と黒のいずれであるかを判定しなければならない（二値理論にもとづく評価）。第二に、公正を期するためにもその判定は客観的に、つまり評価者の主観をできるだけ差し挟まないようにしなければならない。そのため、評価の基準（めざすべき状態）はいきおい量的なものになりがちであるし、そのことの狭隘や狭窄を批判して質的な評価基準の意義を説く側にも、評価をなるべく客観的なものにするための評価技法（テスト法など）の開発が求められる。いずれにせよそこでは、評価とは最終的には測定（計測）に還元されるべきものなのである。

これが世の中一般に市民権を得ている「評価」観かもしれません。しかし、これでは、これまで述べてきたような子どもを見て、あらわす「私」も存在していなければ、見られ、あらわされている「その子」の存在もなかったことになってしまいます。また、一見すると、その子の今をあらわし、その子に必要な援助を考えているように見えますが、それは、その子を見ているようで、見ている側の「枠」や「基準」に当てはめて見ているにすぎません。つまり、そこには固有名詞の世界がなく、その「枠組み」にあてはまるか、達

*20　松下良平「教育的鑑識眼研究序説――自立的な学びのために」天野正輝（編）『教育評価の歴史と現代的課題』晃洋書房、二〇〇二年、二一二－二二八頁。
*21　松下、同前書（*20）、二一六頁。

成できているか等が主な関心事となり、子どもを「外側から見る」ことになります。[22]そうした場合、両者の関係は、見る側と見られる側、教える側と教えられる側といったように分断・固定化し、見る側や教える側の「権力」が無意識のうちに行使され、「教える」ことを志向し、結果として同質性を基盤とした多様性や異質性への恐れと排除を生み出すと考えます。

一方で、本書のなかで探究してきた「子どもをあらわす」行為にも、「評価」は存在します。ただしそれは、先に挙げた「目標準拠型評価」とは原理的に異なります。本章の前半で、「子どもをあらわす」ことをショーンの「行為のなかの省察」として捉え直し、その省察は、「よさの鑑賞（appreciation）」にあたる行為であることを述べました。松下も、言い方は違いますが、「実践に内在する善」が、実践を共有する人々（実践共同体）の間主観的な合意として、実践という活動を規範的に方向づけるとし、この「実践に内在する善」を我がものとし、自ら見極めるのが「鑑識眼」だとしています。[23]松下は、そうした「鑑識眼」に基づく評価の特徴を以下のように説明しています。[24]

鑑識眼にもとづく評価は、二値理論にもとづかなければ、量的な測定も志向しない。それは対象を一つの評価基準からながめるのではなく、対象の多様な側面に同時に光を当て、それぞれの側面の相互関係にも目配りしつつ、その多様な側面の全体を多様な評価基準に照らして同時に評価する。それゆえそれは、評価対象を肯定／否定のいずれかに色分けすることよりも、肯定的な側面と否定的な側面の複雑な絡みを解きほぐすことに関心を向け、その肯定的な側面と否定的な側面がときに相関的であったり分離不可能であることにも配慮しながら、対象を多義的あるいは複眼的に評価する。（中略）かくして当然のことながら、鑑識眼による評価には量的な測定は原理的になじまない。そこでは、調和や均衡や美の感覚に頼りつつ真価を感得する（appreciate）ことこそが評価することだからである。

佐伯は、こうした松下の「鑑識眼的評価」は、目標準拠型が、まさに「目標」を事前に設定し、その目標が達成されたか否かを評定する評価であるのに対して、評価基準が固定的に決められておらず、結果を見て、「そういうのもアリだな」とか、「こういう見方からすると……」というように、対象を多面的に見ることであり、評価というよりは、鑑賞（appreciation）と呼びたいと述べています。[*25] つまり、鑑識眼的評価は、「子ども」ではなく、固有名詞付きのその子の世界を、「内側から見る」かのごとく、そして、その子に「なる」かのごとく、その声や思いに「聴き入ること」を志向しながらその子をあらわし（鑑賞し）、そのあらわされた（鑑賞された）その子の姿をもとに他者と対話する必然性を生み出し、新たな解釈や見方と出会いながらまたその子と出会い直すことから、結果として多様性や異質性を尊重した対話と寛容性をも生み出すことにも寄与すると考えるのです。その場合、子どもが評価される側で、保育者をはじめとした大人が評価する側になるといった分断・固定化した関係はありません。むしろ、子どもが見せてくれる姿は、子どもが評価の主体となっていると捉えることができ、それらをもとに対話するということは、子どもとともに自分たち

＊22　佐伯胖『「わかり方」の探究——思索と行動の原点』小学館、二〇〇四年、一七八－一九五頁。
＊23　松下、前掲書（＊20）、二一四頁。
＊24　松下、前掲書（＊20）、二一六頁。
＊25　佐伯胖「『教える』ということの意味」汐見稔幸・奈須正裕（監修）、佐久間亜紀・佐伯胖（編著）『現代の教師論（アクティベート教育学2）』ミネルヴァ書房、二〇一九年、二五五頁。

のかかわりや見方を評価（鑑賞）することになっているといえるでしょう。

でも、私たちはいつもいつも、あらわされた子どもの姿に、その子やその場、あらわしている当人の「物語」を見出し、それらを省察したり、鑑賞したりすることができるわけでもないでしょう。自分たちを取り巻く（あるいは知らず知らずのうちに自ら作った）規範意識や暗黙の共同主観に影響を受けたりするなかで、無意識のうちに「目標準拠型評価」観が生み出すまなざしを子どもや自分たち自身に向けることになっていることもあり得ます。その一方で、そうした状況に陥っていることに気がつき、自然と「鑑識眼的評価」観に基づいたまなざしで子どもの姿や自分たち自身の保育（子どもや保育を語り合っている場も含む）を捉え直していることもあります。その過程にも「物語」があり、その過程では何が起きていたのか、それぞれの研究関心から探究していくことも、実践研究だからこそできることではないかと考えます。言い換えれば、「目標準拠型評価」と「鑑識眼的評価」の間をゆきつもどりつしていく変容過程を「鑑識眼的」に捉え直す（あらわす）、そんな試みも実践研究や事例研究だからこそ可能なことかもしれません。いずれにせよ、繰り返しになりますが、「子どもをあらわす」ことを、その当人一人の見方や力量だけでなく、その当人を取り巻く他者やモノ、そこから生まれる暗黙の共同主観、規範意識などとの関係のなかであらわされているものとしても、捉え直すことが必要だと考えるのです。

教示し合う関係から分かち合う関係へ

レッジョ・エミリアとの共同研究による幼児教育の変革の取り組みとして始まったスウェーデンのストックホルム・プロジェクトを三〇年にわたって主導してきたダールベリは、記録について次のように述べています。[*26]

記録は研究可能であり、議論と変化に開かれている——すなわち、記録を通して、子どもとの別の関わり方が見えてくるのである。このパースペクティブから、記録は、自己省察の物語、すなわち自己の定義を構築する自己省察と見なすことができる。我々は記録において、現実を表象・再現しているわけではなく、支配的な言説と関わりながら、ある選択をしているのだということを自覚すれば、我々一人ひとりの記録の構築上の特徴を批判的に分析し、支配的な体制に逆らい抵抗する方途を見出しやすくなる。

先に述べたように「支配的な体制」とは、実践の外側や特定の権力をもった人によってのみ生み出されるとは限りません。自らがその一端を担い、作り上げてしまっている場合もあり得るのです。それらを省察し、「支配的な体制に逆らい抵抗する方途を見出」すということは、自分たちの「評価」観や、その評価が生み出される場そのものについての「振り返り」を行うということであり、「子どもをあらわす」ことが生み出す、ショーンのいうところの「実践についての省察（reflection on practice）」といえるでしょう。つまり、子どもを「あらわす」行為やその記録類が他者との対話を生み出す媒体となり、自己内省察やその個人が所属する実践共同体（「振り返り」の場の場合もあり得るし、当該園の保育そのものや、場合によっては保育学という学問領域ということだってあり得る）への省察を生み出すとき、その記録は、その場にいる人同士の関係を

＊26　Dahlberg, G., Moss, P., & Pence, A. (2013). *Beyond Quality in Early Childhood Education and Care: Languages of evaluation*. Routledge Education Classic Edition.（グニラ・ダールベリ／ピーター・モス／アラン・ペンス、浅井幸子（監訳）『「保育の質」を超えて——「評価」のオルタナティブを探る』ミネルヴァ書房、二〇二二年、二二六頁）。

作り変え、実践そのものを鑑賞し直す機会を生み出すことになるのです。

その一方で、自分の「あらわした」記録をもとに、自身の行為や解釈を正当化し、「正解」(望ましい関わりや記述等)を教示し、周囲はそのことを有難がり(場合によっては思考を停止して従い)、目指していくということも起こり得ます。私たちは、自分たちで思っている以上に、「教えたがり」だし、「教えられたがり」なのかもしれません。いや、混沌としている状況や、目の前の子どものわからなさや、自分に何かできないかを追い求めた結果、教えたり、教えられたりすることを強く求める場合もあるでしょう。でも、「子どもをあらわす」ことは、本来、自分が見取ったことや解釈を「教える」ためでもなければ、誰かに「教え」を乞うためのものでもないはずです。

保育現場に赴くと、外部から来た私を捕まえて、「おもしろいのがあるんだよ、見せてあげよっか」とか、「こっちがおすすめの場所」とか、「いま、これがおもしろいんだよ」とか、「これ、あげるよ」などと、自分たちの園での暮らしや夢中になっていることを「お裾分け」してくれます(いわゆる言葉を話さない○歳児や一歳児でさえも、視線や身振りでそのような思いを示しているように見えるときがあります)。そんなときには、自分が夢中になってやっていることを、まずは熱心に見て、聴いて一緒におもしろがってくれるだろうという私というオジサン(他者)への信頼を感じます。その場合、それまでの園での暮らしのなかで、自分のやっていることをおもしろがってもらったり、自分の話を喜んで聴いてもらったりするなかで、他者を信頼に値する存在として認めていることも垣間見ることができます。それゆえに、その子どもは、自分のやっていることを、私というオジサンにも「お裾分け」してくれるのかもしれません。

これは、大人同士の関係においても大事な感覚だと考えます。むしろ、子どもから学べることの一つかもしれません。自分が心動かされたことを独り占めにはせず、それぞれがおもしろい（すごい、不思議だ、わかった、わからないなども含む）と思っていることを「あらわす」ことを通して「お裾分け」をし、「お裾分け」してもらった側は、自分の見方を「お裾分け」する。そんな関係性が生まれると、分断・固定化しがちな「教える」と「教わる」関係が乗り越えられ、そもそものあらわされた子どもとの関係においても二項対立的な関係を乗り越え、新たな意味や関わりを創造していくことができるのではないでしょうか。こうしたことから、「子どもをあらわす」ことをベースに、自分がおもしろいと思うことを「お裾分け」し合うように、お互いに受け入れ、分かち合っていくコミュニティをつくっていくことが必要ですし、そのコミュニティは、「子どもをあらわす」ことを継続していくことによって成熟していくと考えるのです。

4　「子どもをあらわす」ことで見えてくること

ここ数年、日本の保育・幼児教育は、大変革期にあり、乳幼児期の保育や教育の在り方がもたらすその後の人生への影響やその意義についての注目が集まり、さまざまな議論がなされてきています。そして、さまざまなキャッチフレーズ（あえてそのようにいいます）を、見聞きするようになりました。たとえば、「幼児教育において育みたい資質・能力」、「幼児期の終わりまでに育ってほしい姿（一〇の姿）」、「主体的・対話的で、深い学び」、「幼児期までのこどもの育ちに係る基本的なビジョン（はじめの一〇〇か月の育ちビジョン）」等々……。それらを否定したいわけではありません。なぜなら、こうしたフレーズやビジョンが明確に示されるようになった背後には、それだけ今まで乳幼児期の育ちや保育・教育の在り方が軽視されてきた（軽視され続けている）ことを示し、そこを乗り越えようとしている動きがあると考えるからです。また、質への注目が集まるにしたがい、子どもの育ちだけでなく、保育の在り方そのものについての、日本独自のさまざまな評価スケールもさらにつくられてくることが予想されます。これらのキャッチフレーズや評価スケールによって、日本の保育全体の水準が向上していく可能性はあります。しかし、子どもの姿に関して示された指標を、達成させるべき、あるいは、育てるべき能力のリストのようなものとして捉えられては、元も子もありません。また保育の評価スケールに用いられる指標が、質の高い保育を可能たらしめる原因かのように捉えていったときには、その実践に埋め込まれた「よさ」は見出せなくなっていくのではないでしょうか（一定の水準に達していない実践を足切りすることを可能にするかもしれませんが……）。そもそも、ここでいう指標は、ある具体的な子どもの姿や実践をもとに「こういう姿が見られる」「こんな工夫がある」「こんな側面がある」というように具体的なありようや様相が集められて作られた「傾向性」のようなもののはずです。たとえば、子どもが遊び込んでいくときには、「一〇の姿」のような姿が見られるし、保育者の多様な見方が許容され、多角的・複眼的に子どもの姿を捉え、そこに新たな意味や価値を見出せているときには、同僚同士で子どもや保育について語り合う場があるはずなのです。にもかかわらず、「一〇の姿」を育成し、何かしらの資質や能力を身につけさせ、そのために「語り合う場」を作る等々が目標化された場合には、そこでいくら子どもをあらわしたとしても、遊びは「手段」となり、あらわされるのは、子どもではなく、「操作」した私たち大人の姿とその結果となり、そこには、子どもへの「省察」もなければ、「鑑賞」も生まれないのではないでしょうか。

でも、私たちは、万能ではなく、盲目的になるし、偏ることもあるし、そのこと自体に気づけないことだってあります。少なくとも、私はそうです。自分の「できなさ」や「揺れ」を自覚しています。でも、それは、自分を卑下しているわけではありません。それゆえに見えてくることもあります。私以外の他者（子どもであれ、研究者であれ、学生であれ、友人であれ、家族であれ……）には、自分にないものや、「そうか、そういうことか」といった発見や、その人の在り方に価値を見出すことができます。それらを見出すためには、恐れず、まず自分自身がどう考えているか、どう見ているかを「あらわす」ことと、それを受け止めてもらえる場が必要です。そして、語りかけ、語りかけられるなかで、新たな意味や価値を発見したり、自分の既存の見方や考えを問い直したり、改めて自分の見方や考えを作り上げていくのです。

そのためには、矛盾するように聞こえるかもしれませんが、「偶然性」や「ゆるさ」も大切にしたいものです。それは、第四章において久保氏が「中動態」という概念から「主体性」や子どもの遊びを捉え直している点ともつながります。私たちは、意図的・意志的に理解しようと思っていなくても、理解できてしまったり、あらわそうとしていなかったことが、あらわせてしまったり、結果として「できちゃった」「わかっちゃった」「生まれちゃった」「おもしろくなっちゃった」というような理解や関係もたくさんあるはずです。

ある園では、ドキュメンテーションの作成のために、保育をしながら子どもの写真を撮っていると、子どもから「ぼくたちも撮りたい」という声があがり、園にあった何台かのデジタルカメラを子どもたちに委ねると、子どもたち自身でルールを決め、思い思いに撮影し始めました。そして、そこから子どもたちが楽しみだしたことは、子どもも保育者も、当初から意図していたことではありませんでした。撮影した写真をプリントアウトし、台紙に張り、簡単なキャプションを子ども自ら付け、保育者と共に年間計画にはなかった保護者も招いての「子ども写真展」を開催しちゃったのです。この活動そのものも、第六章で浅井氏が述べているように「子どもがあらわす」の一端を垣間見られるし、「子どもと共にあらわす（振り返る）」行事であることから注目に値するのですが（紙面の都合上ここでは深く言及できません）、保育者たちはその過程で、一人ひとりの子どもの新たな一面を知り、これまでその子のことを語り合っていたつもりのようでいて、限定的な側面からしか語り得ていなかったことを実感し、大人同士の関係性や「振り返り」の在り方を模索していきました。また、保護者のなかに写真家がいることもわかり、その人も巻き込んで、保護者と共に保育を営んでいくような活動も生まれてきました。最初から「子ども写真展」をやろうと思ってもいなければ、自分たちの見方を問い直そうともしていなければ、保護者を巻き込もうともしていなかったにもかかわらず、偶然うまれた出来事によって、子どもや保育のあらわし方が変わり、同僚関係も、保護者との関係も、保育そのものも変わっていったのです。

また、あらわされた子どもの姿のどこに注目するかは、当たり前ですが、人それぞれです。もちろん、あらわした当人の当事者性を尊重することや、否定でなく、肯定的なまなざしを向けることは必要不可欠です。しかし、自分や自園にとって当たり前になっていることは、必ずしも、他の保育者や他園にとっての当たり前ではないはずです（同じ園内でもクラスが違えば、違う文化が築かれていることも当然あり得ます）。また、保護者をはじめ、地域の人や、保育に精通していない人から見取られることも、「そんなところに注目するの！」と思うようなこともきっとあるはずです。でも、それらを単なる「否定」として捉えたり、「そんな拙い見方や実践しかできないのか」と見下してしまったりしては、勿体ない気がします。

哲学者の東は、「人間が豊かに生きていくためには、特定の共同体にのみ属する『村人』でもなく、どの共同体にも属さない『旅人』でもなく、基本的には特定の共同体に属しつつ、ときおり別の共同体も訪れる『観光客』的なあり方が大切だ」とし、「観光客」という比喩とその特性である「誤配」に注目し、その「誤配によるつながり」が、グローバリズムとナショナリズムが二層構造のように共存している現在の世界においては、超個人主義（リバタリアニズム、グローバリズムの進む先にあるもの）と共同体主義（コミュニタリアニズム、ナショナリズムの進む先にあるもの）の選択を迫られますが、そのどちらも選ばないという道を生み出す可能性を模索しています。[*27] 東のいう「誤配」とは、通常、郵便物が誤って配達されることを意味する言葉ですが、観光客が訪れたその国のことを本当の意味で理解することはできないけれども、それでもなお、いろんな経験をしながらなんだか理解したような気になって帰っていくことを観光客の「誤配」とし、「その『誤配』こそがまた新たな理解やコミュニケーションに繋がったりする」としています。[*28]

話を子どもと保育に戻すと、自分があらわしたかったこと、自分が伝えたかったこととはズレて他者に伝わることは当然あり得ます。いろんな園にお邪魔させてもらっていても、私がその園の本質を掴めているかといえば、「誤配」はきっとあるでしょう。また、同じ記録を読んでいても、「誤配」ならぬ「誤読」だってあり得ます。しかし、そうしたズレや「誤配」や「誤読」が、新たな理解や新たなつながりを生み出す出発点になり得る場合だってあるのです。そもそも、自分の考えや見たこと、他者の考えや見たことを、ズレもなく理解できることのほうが稀のような気がします。むしろ、他者との関係のなかで、自分自身や相手への

*27　東浩紀『観光客の哲学 増補版』ゲンロン、二〇二三年、三六頁。
*28　東、同前書（*27）、一九八頁。

伝わり方等についても捉え直していくなかで、自分の見方も伝え方も変化していき、結果として、こういうことが大事なのかもしれない、こういうことをあらわしたかったのかもしれないと、自分のことについても、相手についても、理解を深め、ゆるやかに合意が生まれてくることのほうが多い気がしています。そもそも、保育や教育現場は、「閉じやすい」性質や、一定の質を担保するために同質性を求める傾向が強いと考えます。また、何かしらの考えを表明する場合には、こんなことを言ったら恥ずかしくないかとも考えてしまうものかもしれません。反対に、私（たち）の考えていることは、外の人には理解できないと決めつけている場合もあるかもしれません。

何のために、「子どもをあらわす」のか。そこに明確な答えは出せません。でも、誰しもが子どもをあらわし、それに対して参与できるような「ゆるさ」も必要だと考えるのです。その「ゆるさ」が偶然の理解や省察、新たな他者関係を生み出すかもしれないし、結果として、子どもという存在について吟味・検討する機会を広げ、深めることにもなると考えたいのです。反対に、「偶然性」や「ゆるさ」がないとき、私たちは、「教え主義」になるし、どう在らねばならないか、どう在るべきかに囚われ、分断的で固定化した二項対立的な関係（教える・教えられる、正解・不正解、わかっている人・わかっていない人など）を生み出してしまうのかもしれません。

これまで述べてきた通り「子どもをあらわす」ことは、文化的で、動的であり、他者やモノとの関係のなかで生まれる行為です。逆にいえば、「子どもをあらわす」ことで見えてくるのは、その当人自身であり、当人が切り結ぶ他者やモノとの関係や生きている文化や時代なのかもしれません。だから、私たちは、「子どもをあらわす」ことを問い続け、語り合い続ける必要があるのでしょう。

あとがき

本書の企画は、コロナ禍に、編者の一人である青山誠さんの声かけから始まりました。当時なかなか対面で会うことが難しいなか、オンラインで子どもや保育のいまとこれからをざっくばらんに語り合うことから「子どもをあらわす」というテーマが生まれてきました。いま、子どもや保育を取り巻く状況は、めまぐるしく変化し続けています。日本は、これまでになかった人口減少時代に突入するとともに、子どもを産み育てることが困難な状況にあると言っても過言ではありません。そうした社会状況のなかで、子ども一人ひとりの権利と尊厳を守り、持続可能な社会をつくっていくために、保育の質を維持向上させていく動きをそれぞれの立場で担い、実践・研究していくことが、保育に携わる私たちにとっての責務といえるでしょう。

でも、だからこそ、少し立ち止まって、否、子どもと関わり、それらをあらわしながら、子どもと生きた時間をあらわすことについても、丁寧に考えてみたいのです。実際、この本を手にとってくださった読者の皆さんの多くは、子どもの「声」に耳を傾けることを志向し、記述し、写真に撮るなどしながら、自分が出会った子どもの姿や子どもと生きた時間を、さまざまな方法であらわそうと試行錯誤しながら試みていることと思います。あらわすということは、見たり、聴いたり、感じたりしたことを、何かしらの形で残し、可視化し、結果としてさまざまな対話を生み出すことになるわけですから、その方法や技術をわかりやすく解説することを求められるのかもしれません。でも、よいあらわし方や、そのためのコツなどを示したいわけではありません。なぜなら、「子どもをあらわす」ことを問うことは、あらわす側の私たちの姿勢や生きている文化などを再帰的に問うことにもなるはずだからです。そこには何が「あらわれる」のか。そもそも何のために「あらわす」のか。反対に「あらわす」ことによって失われているものはないのか……。

本書が、ふだん、自分たちの仕事のなかに当たり前のように位置づき、暗中模索のなか、なかなか顧みることが難しくなっているかもしれない「子どもをあらわす」ことの意味を、振り返るきっかけになれば幸いです。それは、子どもと自分自身との対話を、さらには、その対話を他者と対話することの意味を問い直すというように、対話について対話するということでもあります。「子どもをあらわす」こと、そして、「子どもをあらわす」ことを問うことが、多様な他者と共に、子どもと生きることの意味を分かち合い、つながりを生み出すこととして存在してほしいと願っています。とはいえ、保育に携わる誰しもが日常的に行っている「子どもをあらわす」ことについては、読者の皆さんもさまざまな思いや願いをもっていることでしょう。本書で展開された「子どもをあらわす」ことをめぐってのさまざまな考え、姿勢、願い等については、いろいろな意見が出てくるかもしれません。でも、それは歓迎すべきことであり、私たちが求めていることです。「子どもをあらわす」ことについて対話することをもとに子どもや保育について共に考える機会をつくりだすこと、それが私たちの行いたかったことの一つだからです。

最後になりましたが、本書の構想段階から私たちの挑戦を励まし続け、本書執筆にあたっては、適切なアドバイスをしてくださった北大路書房編集部の西吉誠さん・川松いずみさんに心から感謝申し上げます。

三谷　大紀

二〇二五年一月

宮武大和［みやたけ・やまと］**第5章**

札幌トモエ幼稚園保育者。

主著『子どもの育ちと環境——現場からの10の提言』（共著）ひとなる書房、2008年。

浅井幸子［あさい・さちこ］**第6章**

東京大学教授。

主著『アトリエからはじまる「探究」——日本におけるレッジョ・インスパイアの乳幼児教育』（共編著）中央法規出版、2023年。
『「保育の質」を超えて——「評価」のオルタナティブを探る』（監訳）ミネルヴァ書房、2022年。

佐藤寛子［さとう・ひろこ］**第7章**

お茶の水女子大学附属幼稚園保育者。

主著『主体としての子どもが育つ 保育内容「人間関係」』（共著）北大路書房、2024年。
『どう変わる？ 何が課題？ 現場の視点で新要領・指針を考えあう』（共著）ひとなる書房、2017年。

松井剛太［まつい・ごうた］**第8章**

香川大学准教授。

主著『子どもの声からはじまる 保育アセスメント——大人の「ものさし」を疑う』（共編著）北大路書房、2024年。
『特別な配慮を必要とする子どもが輝くクラス運営——教える保育からともに学ぶ保育へ』（単著）中央法規出版、2018年。

*****三谷大紀**［みたに・だいき］**終章、あとがき**

関東学院大学准教授。

主著『子どもと社会——あそびが学びとなる子ども主体の保育実践』（共著）Gakken、2023年。
『子どもの姿ベースの新しい指導計画の考え方——新要領・指針対応』（共著）フレーベル館、2019年。

･･･ 執筆者紹介 ･･･

（執筆順、担当章、＊は編著者）

＊青山　誠［あおやま・まこと］**はしがき、第１章**

社会福祉法人東香会理事（保育統括）。保育者。

主著　『ニューロマイノリティ――発達障害の子どもたちを内側から理解する』（共編著）北大路書房、2024 年。
『あなたも保育者になれる――子どもの心に耳をすますための 22 のヒント』（単著）小学館、2017 年。

＊汐見稔幸［しおみ・としゆき］**序章**

東京大学名誉教授。白梅学園大学名誉学長。

主著　『学校とは何か――子どもの学びにとって一番大切なこと』（編著）河出書房、2024 年。
『汐見先生と考える 子ども理解を深める保育のアセスメント』（単著）中央法規出版、2023 年。

＊川田　学［かわた・まなぶ］**第２章**

北海道大学准教授。

主著　『保育の質を考える――安心して子どもを預けられる保育所の実現に向けて』（共著）明石書店、2021 年。
『保育的発達論のはじまり――個人を尊重しつつ、「つながり」を育むいとなみへ』（単著）ひとなる書房、2019 年。

溝口義朗［みぞぐち・よしあき］**第３章**

ウッディキッズ園長。

主著　『〈領域〉環境ワークブック――基礎理解と指導法』（共著）萌文書林、2020 年。
『保育の未来をひらく 乳児保育』（共著）北樹出版、2019 年。

久保健太［くぼ・けんた］**第４章**

大妻女子大学専任講師。

主著　『生命と学びの哲学――育児と保育・教育をつなぐ』（単著）北大路書房、2024 年。
『写真と動画でわかる！　「主体性」から理解する子どもの発達』（編著）中央法規出版、2024 年。

子どもをあらわすということ

2025年　3月 20日　初版第1刷発行

編著者	青山　誠 三谷大紀 川田　学 汐見稔幸	

発行所　㈱北大路書房
〒603-8303　京都市北区紫野十二坊町12-8
電話代表　(075)431-0361
ＦＡＸ　(075)431-9393
振替口座　01050-4-2083

Printed in Japan
ISBN978-4-7628-3281-9
組版／デザイン鱗
装丁／こゆるぎデザイン
印刷・製本／共同印刷工業（株）
落丁・乱丁本はお取り替えいたします。
定価はカバーに表示してあります。